BAND 0265

6.80/7

IRMGARD PERSY

SCHNELL GEKOCHT
GUT GEKOCHT

13 Farbfotos, 3 Zeichnungen

FALKEN-VERLAG ERICH SICKER KG · WIESBADEN

ISBN 3-8068-0265-3
© 1970 by Falken-Verlag Erich Sicker KG, Wiesbaden
Dieses Buch ist für die tägliche Praxis geschrieben. Praxisnah sollten deshalb auch alle Hinweise
sein, die wir der modernen Kochforschung verdanken.
Besonderer Dank gilt der Fissler GmbH, Idar-Oberstein, die reichhaltiges Material bereitstellte.
Garzeiten usw., die hier der Praxisnähe wegen mit bestimmten Erzeugnissen in Verbindung gebracht
wurden, gelten mit geringen Abweichungen auch für Schnellkochgeräte einiger anderer Hersteller.
Umschlagfoto und 1. Farbtafel, sowie wissenswerte Angaben über Geschirre, Bratpfannen und
Schnellkochtöpfe: Fissler GmbH, Idar-Oberstein;
weitere Farbtafeln mit den dazugehörigen Rezepten:
Deutsche Maizena Werke GmbH, Hamburg, sowie C. H. Knorr GmbH, Heilbronn
Für die freundliche Unterstützung danken wir vielmals
Lithographien: Bräutigam
Gesamtherstellung: Neuwieder Verlagsgesellschaft mbH · Neuwied

Inhalt

Einige Tips zur Geschirrpflege

1. Geschirr aus Leichtmetall mit eloxierter Innenschicht: Reinigung wie üblich. Außen eingebrannte dunkle Flecken am Rand oder Topfboden mit Nylonschwamm oder weichem Putzlappen entfernen.
2. Geschirr aus Leichtmetall mit Antikleb-Schicht: Innenreinigung mit Hilfe von warmem Wasser und, falls nötig, weicher Bürste vornehmen. Überhitzen vermeiden, darunter leidet die Antikleb-Schicht. Außen eingebrannte dunkle Flecken am Rand oder Topfboden mit Nylon-Schwamm oder weichem Putzlappen entfernen.

3. Geschirr mit Antikleb-Schicht innen und Hartcolor-Flammvergütung außen: Einfach mit warmem Wasser ausspülen, falls nötig, mit weicher Bürste nachhelfen.
4. Geschirr aus Edelstahl Rostfrei 18/8: Reinigung wie üblich, von Zeit zu Zeit außen mit Wiener Kalk behandeln.

Einleitung

Schnelles Kochen ist der Wunsch jeder modern denkenden Frau. Nicht nur die berufstätige Hausfrau weiß es zu schätzen, wenn sie durch „Schnelles Kochen" mehr Freizeit gewinnt, auch die „Nur"-Hausfrau und Mutter erkennt mehr denn je, welche Vorteile ihrer Familie daraus erwachsen.

Diesen Wunsch möglichst vielen Hausfrauen erfüllen zu können, war das Leitmotiv zur Herausgabe dieses Büchleins. Selbstverständlich soll *schnelles Kochen* keinesfalls flüchtiges Kochen heißen! Es soll immer viel Liebe und Sorgfalt für die Speisenzubereitung verwandt werden. Wir wollen den Tisch freundlich, sauber und nett decken, die Speisen sollen appetitlich und für das Auge gefällig angerichtet sein. Das geht so einfach, so schnell: hier ein rotes Tomatenstückchen, dort viel grüne Petersilie — und schon sieht das einfachste Gericht lecker und köstlich aus.

Wie soll das *schnelle Kochen* nun vor sich gehen? Dazu haben Sie den ersten Schritt bereits getan: Sie sind Besitzerin dieses Kochbüchleins. Darin finden Sie nicht nur den Schlüssel für diese Kunst, sondern abgesehen von mancherlei wissenswerten Angaben auch Ratschläge, Vorschläge und Tips für die Vor- und Zubereitung etlicher Gerichte. Da ernährungsphysiologische Untersuchungen immer wieder bestätigen, wie schmackhaft, bekömmlich, gesund und vollwertig an Mineralsalzen, Vitaminen und Nährstoffen die in Schnellkochtöpfen in denkbar kürzesten Garzeiten hergestellten Speisen sind, wollen wir zunächst etwas näher auf diese Garmethode eingehen. Das Geheimnis des Schnellkochens ist eine hohe Kochtemperatur, die im fest verschlossenen Topf durch leichten Überdruck erreicht wird.

In jedem Kapitel bringen wir dann Rezepte für diese Schnellgarmethode, selbstverständlich aber auch Rezepte und Anregungen für andere schnelle Gerichte bei herkömmlicher Zubereitungsweise!

Die Rezepte sind, wenn nicht anders angegeben, für etwa 4 Personen berechnet. Wir wünschen Ihnen viel Freude und gutes Gelingen mit unserem

schnellen Kochen

und dadurch mehr Freizeit für sich und Ihre Familie!

Welche Vorteile bringen Schnellkochtöpfe, wie z. B. der Fissler vitavit?

1. **Zeitersparnis**

   Die Garzeiten im vitavit Schnellkochtopf sind Bruchteile gegenüber den Garzeiten bei üblicher Zubereitung. Genaue Vergleichsuntersuchungen ergaben, daß in Schnellkochtöpfen die Garzeit der Speisen bis zu 70% und mehr verkürzt werden kann. Wir wollen nur einige Beispiele anführen: Hülsenfrüchte 71%, Pellkartoffeln 56%, Möhren 65%, Rote Rüben 52%.

   Das bedeutet, daß selbst im Beruf stehende Hausfrauen oder auch Alleinstehende in denkbar kürzester Zeit ein komplettes, wohlschmeckendes Menu auf den Tisch bringen können!

2. **Wohlgeschmack**

   Alle im Schnellkochtopf zubereiteten Gerichte schmecken ausgezeichnet.

3. **Gesunde Speisenzubereitung**

   Durch eine kurze Hitzeeinwirkung und den fehlenden Luftsauerstoff bleiben die natürlichen Nährsalze und die Vitamine weitgehend erhalten. Die Speisen werden zart und gut bekömmlich!

4. **Diätkost**

   Im vitavit Schnellkochtopf gegart ist sie besonders wohlschmeckend! Auf Kochsalz kann, wenn erforderlich, verzichtet werden, weil die natürlichen Nährsalze erhalten bleiben!

5. **Aussehen**

   Gemüse und Obst bewahren ihr gartenfrisches Aussehen. Die Gerichte erfreuen jedes Auge.

6. **Wirtschaftlichkeit**

   Durch die enorme Garzeitverkürzung werden im Schnitt bis zu 45% Energiekosten gespart.

7. **Reinigung**

   Sie ist praktisch und problemlos.

8. **Bedienung**

   Sie ist denkbar einfach und kinderleicht. Wir wollen sie nicht näher ausführen. Wer einen vitavit Schnellkochtopf besitzt, kennt bereits seine einfache Handhabung; und wer sich einen (oder besser zwei) dieser Töpfe zulegt, bekommt die genaue Bedienungsanleitung nebst einem Rezeptbüchlein mitgeliefert.

Auch in diesem Kochbuch sind in jedem Kapitel den Rezepten jeweils Hinweise für die Schnellkochmethode beigefügt.

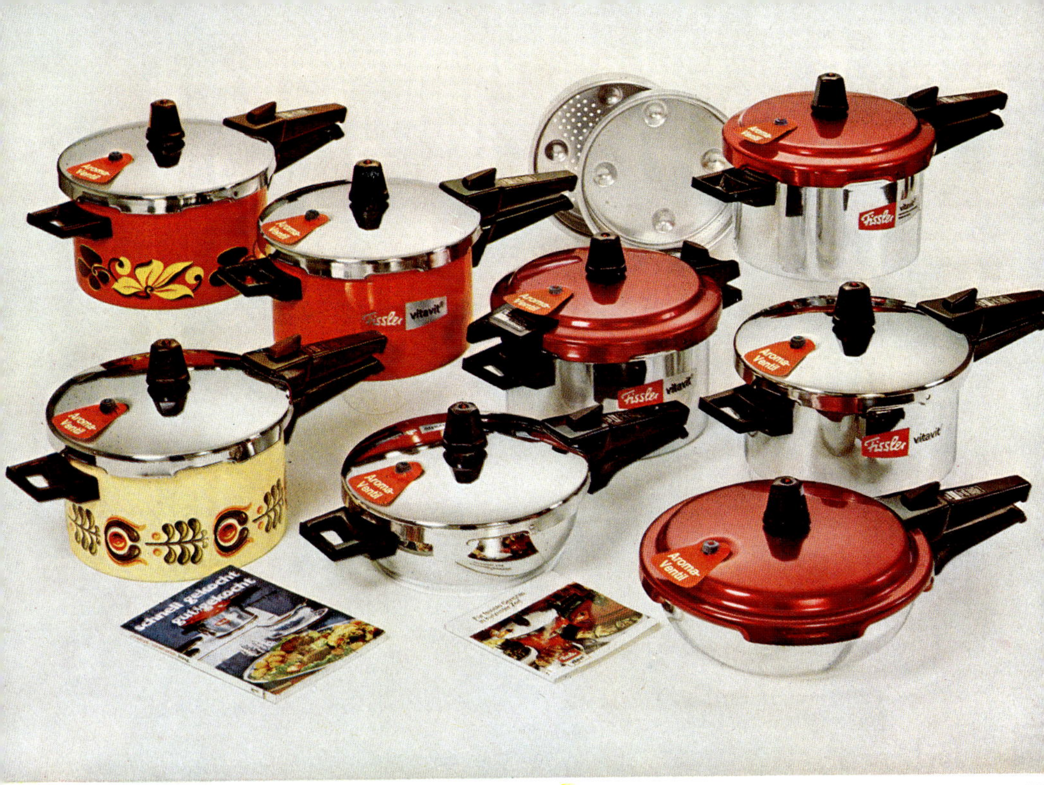
Aroma-Ventil
Fissler
vitavit
schnell gekocht
gut gekocht

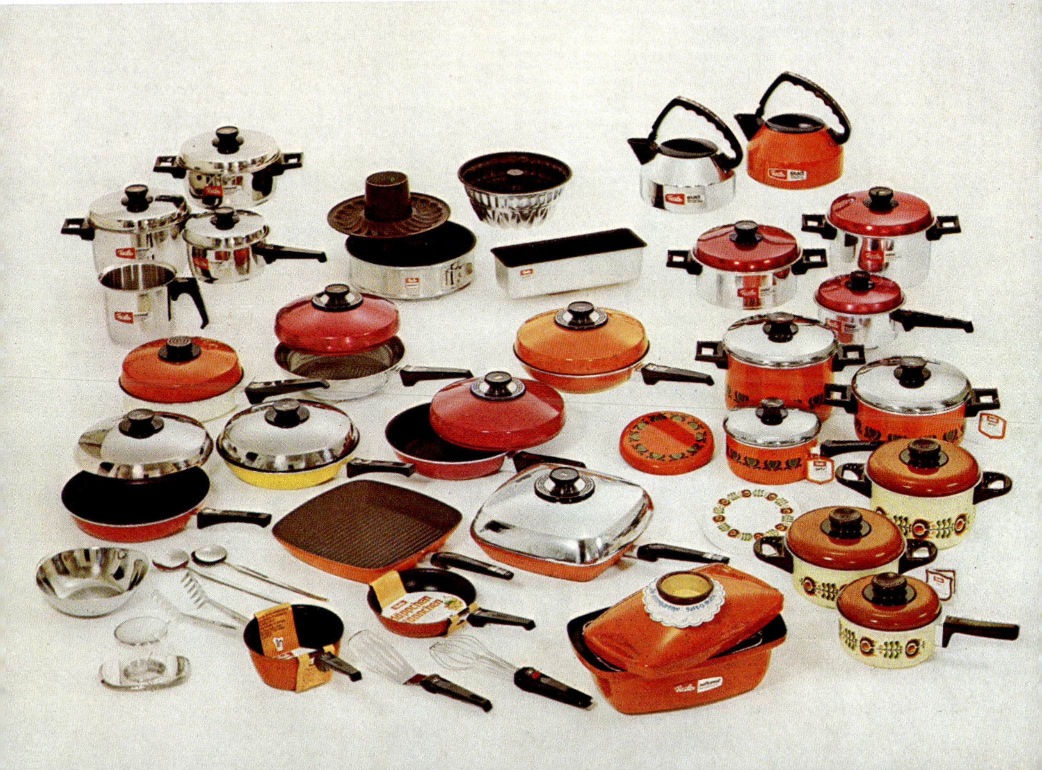

Fissler – Die aktuelle Koch-Idee

Machen Sie sich das Leben leichter mit den modernen Koch-, Brat- und Tafelgeräten aus dem großen Fissler-Programm. Es ist voll von aktuellen Koch-Ideen! Sie werden entdecken: Alles schmeckt besser, bekommt besser. So kann für das Gelingen einer Speise die Wahl des richtigen Gerätes ebenso wichtig sein, wie das Rezept und die Zutaten.

Oberes Bild

Fissler vitavit Schnellkochtöpfe – für feinste Gerichte in kürzester Zeit. Jeder Fissler vitavit hat das automatische Aroma-Ventil. Ein Fissler-Patent! Es macht die Bedienung leicht. Kein Warten beim Ankochen – kein Öffnen beim Abdampfen. Und es garantiert, daß der natürliche Wohlgeschmack der Speisen erhalten bleibt. Zu jedem Fissler vitavit gehören Einsätze und ein ausführliches Rezeptbuch mit Gebrauchsanleitung. Das Fissler vitavit Programm umfaßt folgende Ausführungen, jeweils in mehreren Größen: Fissler vitavit aus extrahartem »vistal«, außen mit Hartcolor-Flammvergütung, Deckel aus Edelstahl Rostfrei 18/10. In Orange, Dekor Orchidee und Dekor Rustica (passend zur Topf-Kollektion Fissler royal). – Fissler vitavit außen poliert, Deckel rot glanzeloxiert mit Stiel- und Kurzgriffen. – Fissler vitavit aus Edelstahl Rostfrei 18/10 mit dem superstarken Thermicboden aus Leichtmetall. – Fissler vitavit Bratkasserolle aus Edelstahl Rostfrei 18/10 mit superstarkem Thermicboden. – Fissler vitavit Schnellbratpfanne aus extrahartem, handleichtem »vistal«.

Unteres Bild

Fissler coronal – heißt die hochwertige Geschirr-Serie aus Edelstahl-Rostfrei 18/10. Sie bleibt immer glänzend in Form und läßt sich spielend leicht pflegen. Der superstarke Thermicboden aus Leichtmetall garantiert schnelle Wärmeaufnahme, gleichmäßige Wärmeverteilung und besonders lange Wärmespeicherung.

Fissler coronal Serviergeräte – aus Edelstahl Rosfrei 18/10 sind formschön, praktisch und dauerhaft. Alle Teile ergänzen sich und passen zueinander.

Fissler backfein – sind Backformen mit der widerstandsfähigen Antikleb-Schicht. Nichts hängt an, der Kuchen löst sich leicht aus der Form – ohne zu krümeln, ohne zu brechen. Und mühelos leicht sind die Formen zu reinigen.

Im Fissler-Pfannen-Programm finden Sie größte Auswahl. Ob fürs Frühstücks-Häppchen oder für den Sonntagsbraten, Fissler hat die richtige Pfanne für Sie. In den verschiedensten Größen: 4-eckig mit 20% mehr Bratfläche. Mit Antikleb-Schicht oder ohne. Mit Novogrillboden, damit sich das Fett unter dem Bratgut gleichmäßig verteilt. Oder mit glattem Boden bei der Fissler bratfein, der neuen preiswerten Markenpfanne. Außen plitzblank poliert, oder mit der robusten Hartcolor-Flammvergütung (Schnellspülpfanne). Aus dem extrem wärmeleitenden Leichtmetall, oder aus hochwertigem Edelstahl Rostfrei 18/10. – Fissler hat sie, die Pfanne, die in Ihren Haushalt paßt.

Fissler garfix – Markenkochtöpfe zu einem bemerkenswert günstigen Preis. Die hervorragenden Koch-Eigenschaften dank schneller Wärmeaufnahme bei bester Energienutzung, garantiert das vorteilhafte Grundmaterial – extrahartes Leichtmetall. Antikleb-Schicht innen und die bewährte Hartcolor-Flammvergütung außen sorgen für spülschnelle Reinigung.

Fissler royal – ist die neue unverwechselbare Topf-Kollektion mit den zwei energiesparenden Vorzügen: Das extraharte Leichtmetall ist extrem wärmeleitend. Daher nimmt es die Kochhitze im Nu auf und verteilt sie rundum gleichmäßig (Voll-Thermic). Die Speisen werden schnell gar. Außerdem wird durch die Vergrößerung des Topfdurchmessers unter Beibehaltung des normgerechten Bodendurchmessers eine günstigere Energieausnutzung erzielt.

Fissler Kochplattendeckel – mit Hartcolor-Flammvergütung, daher robust und pflegeleicht. In 3 Größen erhältlich. Im Dekor passend zu Fissler royal und Fissler garfix.

Fissler Greifwender – aus Edelstahl Rostfrei. Der praktische Küchenhelfer zum Greifen, Wenden und Rühren.

Fissler Bratwender – mit der schonenden Kante. Schont alle beschichteten Pfannen. Elastisches Wendeblatt aus Edelstahl Rostfrei.

Fissler Häppchen-Pfännchen – unentbehrlich für die vielen kleinen Bratgelegenheiten. In Größe, Farbe und Form ein typisches Fissler-Produkt. Eine Schnellspülpfanne durch die widerstandsfähige Antikleb-Schicht innen, außen durch die robuste Hartcolor-Flammvergütung.

Fissler Häppchen-Töpfchen – für alles, wofür auch ein kleiner Topf schon zu groß ist: Snack, Baby-Kost, Fertiggerichte. Ohne Mühe schnell gereinigt. Die praktische Ergänzung zum Fissler Häppchen-Pfännchen.

Wieviel Koch- und Bratgeschirr braucht ein Haushalt?

Die Angaben entsprechen dem Durchschnittswert für Familien mit 2 und 4 Personen.

	Haushalt mit			
Geschirrart	2 Personen		4 Personen	
	Anzahl	Inhalt l	Anzahl	Inhalt l
Fissler vitavit Schnellkochtopf	1	4	1	4 — 7
Gemüsetopf hoch	1	3 — 4	1	4 — 5
Gemüsetopf			1	2,8
Fleischtopf flach	1	2 — 3	1	4
Stieltopf	1	1,5	1	1,5
Milchtopf	1	1,5	1	1,5
Bratpfanne mit Deckel	2	$\emptyset$ 24 cm	1	$\emptyset$ 28 cm
Auflaufform	1		1 — 2	
Brat- und Fischform			1	2,3
Wasserkessel	1	$\emptyset$ 20 cm	1	$\emptyset$ 20 cm

Einige praktische Hinweise sollen die Tabelle ergänzen

1. Sie können mindestens 2 — 3 Töpfe einsparen, wenn Sie sich einen vitavit Schnellkochtopf oder — besser — einen Schnellkochtopf und eine Schnellbratpfanne, die auch als normale moderne Bratpfanne verwendet werden kann, zulegen.

2. Wer Geschirr einkauft, sollte daran denken, daß es die Fissler Schnellspülpfannen und -töpfe gibt. Sie sind spülleicht innen durch die widerstandsfähige Antikleb-Schicht und spülleicht außen durch die robuste Hartcolor-Flammvergütung in frohen Farben.

3. Geschirre aus rostfreiem Edelstahl, z. B. Fissler-coronal mit superstarkem Thermicboden aus Leichtmetall, bleiben immer wie neu; sie zaubern Glanz in jede Küche. Gerichte, in solchen Geschirren zubereitet, können auf Sparflamme gekocht werden und bleiben auf ausgeschalteter Kochplatte besonders lange heiß (wichtig für unpünktliche Esser).

Über richtige Ernährung

Lebensfreude, Leistungsfähigkeit und Wohlbefinden der ganzen Familie hängen last not least von der Ernährung ab. Häufig treten Ernährungsschäden als Folge von zu üppiger oder falsch zusammengesetzter Kost auf. Die Mahlzeiten müssen vollwertig und so zusammengestellt sein, daß sie alle zur Gesunderhaltung oder zum Aufbau erforderlichen Nährstoffe, Mineralsalze und Vitamine enthalten. Die Mahlzeiten sollen vor allen Dingen abwechslungsreich und bekömmlich sein, die Zubereitung schonend und die Garzeiten so kurz wie nur möglich. Je länger die Garzeit, desto größer der Verlust an Nährstoffen und Vitaminen; je kürzer die Garzeit, desto schmackhafter werden die Speisen, Nährstoffe und natürliches Aroma bleiben erhalten, ebenso die frischen Farben. Wir haben deshalb in jedem Kapitel die für das betreffende Nahrungsmittel günstigste und gesündeste Zubereitungsart angegeben. — Die vollwertige Tageskost eines Erwachsenen mit leichter Tätigkeit und einem Körpergewicht von etwa 75 kg soll im Durchschnitt 2500 Kalorien enthalten, aufgeteilt in: 75 g Eiweiß, davon mindestens $1/3$ tierisches Eiweiß, 75 g Fett einschl. der Koch- und in den Nahrungsmitteln enthaltenen Fette, 365 g Kohlehydrate.

Das Eiweiß dient dem Aufbau und zum Ersatz der sich ständig abnutzenden Körperzellen. Es ist gegen keinen anderen Nährstoff austauschbar.

Fett und Kohlehydrate sind die sogenannten Brenn- oder Betriebsstoffe. Sie sind unsere wichtigsten Energiespender.

Vitamine und Mineralstoffe wirken als Schutzstoffe und gewährleisten den richtigen Stoffwechselablauf. Die Vitamine haben bekanntlich wichtige Eigenschaften, zum Beispiel

Vitamin A dient der Haut, dem Wachstum und der Sehkraft;

Vitamin B dient den Nerven und dem Stoffwechsel;

Vitamin C dient als Infektionsschutz und ist leistungssteigernd;

Vitamin D dient zur Stärkung der Knochen und der Zähne.

Es würde zu weit führen, alle Gruppen und Untergruppen der Vitamine aufzuzählen. Wir wollten andeuten, welche wichtigen Funktionen die Vitamine haben. Um die Zusammenstellung der Mahlzeiten für eine vollwertige Kost zu erleichtern, bringen wir zunächst einen Nährstoff- und Kalorienfahrplan. Ebenso wollen wir bei der Zubereitung von Schonkost helfen. Dafür finden Sie Anregungen auf den Seiten 15—23. Für die Zubereitung von jeder Art Schonkost ist wichtig, um die Verdaulichkeit der einzelnen Nahrungsmittel zu wissen, darum ist zu beachten, nach welcher Zeit die Nahrung den Magen wieder verlassen hat.

Nach 10 bis 15 Minuten: Honig, Traubenzucker
1 bis 2 Stunden: Bier, Eier (weich), Fleischbrühe (mager),
Kaffee (schwarz),
Limonaden, Milchmischgetränke, Reis, Süßwasserfische, Tee, Wein;
2 bis 3 Stunden: Austern, Blumenkohl, Eier (hart), Fisch gekocht oder
gedämpft oder gedünstet, Kaffee mit Sahne, Kartoffeln, Kakao mit Milch
oder Sahne, Kuchen, Milch, Obst, Quark, Salate ohne Öl, Spargel, Weißbrot, Wurzelgemüse;
3 bis 4 Stunden: Äpfel, Bratkartoffeln, Gurken, Huhn, Kalbsbraten,
Kohlrabi, Karotten, Möhren, Radieschen, Rebhuhn, Rindfleisch gekocht,
Schinken, Schwarzbrot, Spinat, Taube;
4 bis 6 Stunden: Enten- und Gänsebraten, Hering- und Fleischsalat, Hülsenfrüchte, Kartoffelsalat mit Öl, Käse- und alle Mayonnaisensalate,
Ölsardinen, Pökelfleisch, Rinderbraten, Schweinebraten, Salzheringe.

Im übrigen gilt die altbekannte Regel auch heute noch
Frühstücke — wie ein König,
iß zu Mittag — wie ein Bürger,
iß zu Abend — wie ein Bettelmann!

Nährstoff- und Kalorienfahrplan

Die folgenden Angaben sind Durchschnittswerte; sie unterliegen landschaftlich
und jahreszeitlich bedingten Schwankungen.

In 100 g der nachfolgenden Nahrungsmittel sind enthalten	Eiweiß g	Fett g	Kohle- hydrate g	Kalorien	Vitamine A B C D
Äpfel	0,4	—	13	58	X X
Aprikosen	0,9	—	11	52	X X
Bananen	1	—	20	86	X X
Birnen	0,4	—	13	55	X X
Blumenkohl	2	—	3	21	X X X
Brot (Vollkorn-)	7	1	52	251	X

In 100 g der nachfolgenden Nahrungsmittel sind enthalten	Eiweiß g	Fett g	Kohle-hydrate g	Kalorien	Vitamine A	B	C	D
Butter	1	80	1	752	X			X
Fett: Öl, Schmalz	—	100	—	930				
Ei (etwa 57 g)	7	6	—	85	X	X		X
Fisch	16	1	—	70	X			X
Honig	—	—	81	332			X	
Hülsenfrüchte	24	2	58	358	X	X	X	
Käse (fett)	26	24	1	334	X	X		
Käse (fettarm)	37	3	4	196	X		X	
Kalbfleisch	19	9	—	162		X		
Kartoffeln	2	—	20	90	X	X	X	
Kohlrabi	2	—	4	25				X
Kohl (weiß und rot)	1	—	4	19	X		X	
Marmelade	0,7	—	65	269			X	
Mehl/Grieß	10	1	73	350		X		
Mohrrüben	1	—	7	33	X		X	
Nüsse (Walnüsse)	17	59	13	672	X	X	X	
Orangen	0,6	—	9	43			X	
Paprikaschoten	1	—	5	25	X		X	
Reis	8	2	78	371		X		
Rindfleisch	20	12	—	194		X		
Sahne	3	30	3	304	X		X	
Salate (Kopf-)	1	—	1	8	X		X	X
Schokolade	7	26	62	525	X	X		
Schweinefleisch	18	21	—	269		X		
Speck	2	90	—	845		X		
Tomaten	1	—	3	16	X		X	
Vollmilch	3,4	3,2	5	65	X	X	X	X
Weintrauben	1	—	17	77	X		X	
Zitronen	0,5	—	6	40			X	
Zucker	—	—	100	410				

Schonkost in der Familie

Schonkost zuzubereiten, braucht für eine Hausfrau keine Belastung zu sein. In den meisten Fällen kann die Speisenzubereitung allgemein gehalten werden; erst zum Schluß, beim Würzen und bei der Fett- und Soßenzugabe, muß dann die jeweilige Diätvorschrift berücksichtigt werden. Das gilt in erster Linie für die Zubereitung in Schnellkochtöpfen; gerade diese Methode ist für die Diätküche besonders günstig. Die kurze Garzeit unter Ausschluß des Luftsauerstoffs ergibt wohlschmeckende, aromatische Gerichte; dabei bleiben die natürlichen Nährsalze und Geschmackstoffe erhalten, so daß auf Salz und für die betreffende Schonkost verbotene Gewürze verzichtet werden kann. Auch die Vitamine, die für die Gesundheit so lebenswichtig sind, bleiben bei dieser Garmethode weitgehend erhalten.

Damit die Zubereitung von Schonkost einfach, gesund und entsprechend dem Motto dieses Büchleins auch *schnell* gelingt, bringen wir kurze **allgemeine** Schonkostrichtlinien mit kleinen praktischen Hinweisen. In jedem Fall müssen aber die Vorschriften des Arztes beachtet werden!

Schonkost bei Herz- und Kreislauferkrankungen

Erlaubt ist

Getränke: Milch, Tee aus Hagebutten, Äpfelschalen, Pfefferminz, Kamillen, Brombeeren; möglichst frisch gepreßte Frucht- und Gemüsesäfte; schwarzer Tee und Bohnenkaffee nach Vorschrift des Arztes. Die Tagesmenge an Flüssigkeit sollte abgemessen werden!

Fleisch: alle mageren zarten Fleischsorten — gedämpft, gegrillt — salzlos.

Fisch: alle ungesalzenen See- und Flußfische.

Eier: ohne Salzzugabe (siehe auch unter „zu vermeiden").

Fette: hochwertige Qualitäten in ärztlich erlaubten Mengen.

Brot- und Getreideerzeugnisse: Reis, salzlos gegart; Vollkorn-, Schrot-, Knäcke-, ggf. salzloses lockeres, aber keinesfalls frisches Brot.

Aufstriche: Butter; Margarine; Gelee und Marmeladen in erlaubten Mengen.

Belag: Speisequark, erlaubte Zusätze Kümmel, Kräuter, Tomaten, Meerrettich, Radieschen, milde Paprika; magerer kalter Braten; Schabefleisch; Leber- und Wildpasteten.

Kartoffeln: gedämpft, Klöße von gekochten Kartoffeln, ggf. auch tiefgekühlt oder als Fertigprodukt, **aber salzlos.**

Gemüse und Salate: alle Sorten (Ausnahme: blähende Kohlarten und Zwiebeln) gedämpft, gedünstet, ggf. auch als Rohkost (salzlos!).

Obst: alle Sorten (Ausnahme: Birnen, Heidelbeeren, Zwetschgen, Kirschen, Feigen und Datteln) roh ggf. auch gedämpft.

Gewürze: alle frischen Kräuter (Schnittlauch nur bei Verträglichkeit); alle salzlosen Gewürze, z. B. Pfeffer, Curry, Ingwer, Piment, Kümmel, milder Paprika, Lorbeerblätter, Nelken und Vanille.

Zu vermeiden sind:

Alkohol und kohlensäurehaltigen Getränke

Fleisch- und Wurstkonserven mit Kochsalzzusatz

Fisch: alle Arten von Fischkonserven; fertig käufliche Salate; mariniert und eingesalzene Fischsorten; fertige Aspikgerichte;

Käse: scharfe, fette und gesalzene Sorten.

Eier: scharf gebacken oder Soleier.

Fette: Speck, insbesondere geräuchert; Griebenschmalz.

Brot- und Backwaren: frischgebackene Backwaren und Blätterteig.

Kartoffeln: alle fettgebackenen und gebräunten Kartoffelgerichte; Gerichte aus rohen Kartoffeln; Salzkartoffeln.

Gewürze: alle salzhaltigen Gewürze wie Suppenwürze, Fleischextrakte, Hefeextrakte, Senf, Kochsalz, Meersalz, Selleriesalz, ggf. auch natriumhaltige Salzersatzmittel.

Praktische Winke und Ratschläge

Nähr- und Geschmackstoffe sind durch entsprechende Zubereitung weitgehend zu erhalten, z. B. durch Dämpfen, Dünsten, Grillen. Garzeit so kurz wie nur möglich halten, daher ist das Schnellkochen besonders geeignet. Man sollte alle Gerichte für die ganze Familie salzlos ansetzen und erst beim Anrichten beliebig würzen.

Kartoffeln und Gemüse zunächst für alle „dämpfen". Bratkartoffeln für die Nichtschonkostler. Vom Gemüse mit Soßen jeweils die Portion für die Schonkost vorwegnehmen und Rest nach dem Garvorgang würzen. Das gleiche gilt auch für die folgenden Diäten.

Magenschonkost

Erlaubt ist

Getränke: alle Kräutertees, milder schwarzer Tee; Milch und Milchgetränke, aber ohne Alkohol, Milchkaffee, Milchkakao; leichter Rotwein in erlaubter Menge (Kalte Getränke vermeiden; Limonaden, Sprudel und Mineralgetränke nach ärztlicher Verordnung!).

Fleisch: nur zartes mageres Fleisch, auch Innereien, grundsätzlich nur gekocht, gedünstet, in Folie gegart oder ohne Bräunung gegrillt.

Fleischwaren: zarter, fettfreier Schinken, roh oder gekocht; mild gewürzte magere Wurstarten; Schabefleisch.

Fische: alle außer Karpfen, Aal und Hering, gedämpft, gekocht, gedünstet, in Folie gegart oder ohne Bräunung gegrillt.

Eier: zum Legieren, für Cremespeisen, fettfreies Rührei, ebenso Spiegelei im Dampf gegart (nicht gebraten!), weich gegarte Eier.

Fette: Butter, Sahne, hochwertige Margarine und Pflanzenöle, keine gebräunten Fette.

Teigwaren/Nährmittel: leicht bekömmlich zubereitet, z. B. in Suppen, als Brei, Pudding, Auflauf.

Brot- und Backwaren: lockere, nicht frische Sorten aus Vollkornmehl und Vollkornschrot, Zwieback, Knäckebrot, heller Toast, abgelagertes Misch- und Weißbrot. Leichte Kekse, Biskuitkuchen, nicht zu fette Rühr-, Hefe- und Mürbteigkuchen. Gebäcke nicht in frischem Zustand genießen.

Kartoffeln: gedämpft, als Brei oder Schnee, Salzkartoffeln, lockere Kartoffelklöße aus gekochten Kartoffeln (Brei, Klöße auch als Fertigprodukt).

Gemüse: gedämpft, gedünstet; alle zarten, leicht bekömmlichen Sorten: Möhren, Karotten, Spinat, Blumenkohlröschen, Spargel, Tomaten ohne Haut, **Junge Gemüse:** Schwarzwurzeln, grüne Bohnen, sehr feine Erbsen, Kohlrabi, Wirsing, Rosenkohl, Champignons, Chicorée, Fenchel, Artischocken. Auch in diesem Falle sind die Vorteile des Schnellkochens besonders zu schätzen.

Salate: alle grünen Salate; Tomaten ohne Haut; Rosenkohlsalat fein gerieben. Salatsoßen mit Joghurt, Buttermilch, Sauermilch, Quark und reinem Pflanzenöl, z. B. Mazola-Keimöl, herstellen, schwach mit Zitrone oder Essig säuern.

Obst/Obstsäfte: fast alles, ohne Schale und Kerne, mit Ausnahme der Sorten, die unter „zu vermeiden" angeführt sind. Frisch gepreßte Säfte sind am gesündesten.

Gewürze: alle grünen Kräuter, milder Paprika, Muskat, gemahlener Kümmel, Wacholderbeeren, Mayoran, Vanille, Zimt, Anis, Fenchel, Tomatenmark.

Zu vermeiden sind:

Getränke: alkoholische Getränke, Bohnenkaffee, kalte Getränke.

Fleisch- und Fleischwaren: alle fetten Fleisch- und Geflügelsorten. Panierte oder in Fett ausgebackene Fleischwaren. Scharfe oder fette Konserven und Wurstwaren.

Fisch: geräucherte, gepökelte oder marinierte Fische und Fischkonserven.

Eier: in Mayonnaise, roh oder in Fett stark gebraten, Soleier.

Käse: sehr scharfe und harte Käsesorten.

Fette: Schweineschmalz; Speck, besonders geräuchert; Talg, Plattenfette.

Brot- und Backwaren: frischgebackene Brot- und Gebäckarten, fettreiche Gebäcke, Blätterteig und in Fett gebackene Sorten!

Kartoffeln: neue Sorten, gebratene und fettreiche Gerichte.

Gemüse: alle Kohlarten, Hülsenfrüchte, Gurkensalat, weil schwer verdaulich.
Bei schweren Fällen dazu Rettich, Meerrettich, Paprikaschoten, Zwiebeln, Lauch
und Pilze.

Obst: Brombeeren, Stachelbeeren, Johannisbeeren, kernreiche Weintrauben,
Rosinen, Datteln, Feigen, Mandeln und Nüsse.

Gewürze: scharfe Gewürze, Pfeffer, Fleischextrakte, Suppenwürze, stark konzentrierte Fleischbrühen.

Süßspeisen: Eisspeisen, eisgekühlte Cremespeisen.

Praktische Winke und Ratschläge

Langsam essen, gut kauen, keine großen Portionen, häufiger kleinere Mahlzeiten einnehmen! Mäßig würzen; auch nicht zu viel Zucker an Kompotte und
Süßspeisen geben. Scharf gebratene Gerichte vermeiden. Diätrühr- und Spiegelei läßt sich in Pfannen mit Antikleb-Schicht vorzüglich **ohne** Fett und bei milder
Temperatur ungebräunt zubereiten, desgleichen ungebräunte Omeletts. Tiefgekühlte Speisen müssen vollständig aufgetaut werden — keinesfalls zu kalt
reichen! Das Dämpfen und Dünsten in Schnellkochtöpfen ist bei Magenschonkost
besonders zu empfehlen!

Leber- und Gallenschonkost

Erlaubt ist

Getränke: Milch, Milchmischgetränke ohne Alkohol, alle Arten von Kräuter-
tee, leichter schwarzer Tee, Milchkakao, Fruchtsäfte, insbesondere Traubensaft.

Fleisch: alle zarten und mageren Fleischsorten wie Rind, Kalb, mageres junges
Geflügel, magere Innereien, grundsätzlich nur gekocht, gedünstet, in Folie
gegart — wofür sich das Schnellkochen ganz besonders gut eignet —, gegrillt.

Fleischwaren: salzarme, magere Wurstarten in erlaubten Mengen; Schabefleisch;
zarter salzarmer, roher oder gekochter Schinken.

18

Cheeseburger Suppe

Grüne Bohnensuppe

Kartoffelsuppe Solothurn
Rezept siehe Seite 31

Fisch: nur fettarme Sorten, gekocht, gedämpft, gedünstet, in Folie zubereitet; z. B. Forelle, Rotbarsch, Kabeljau, Seelachs, Schellfisch, Steinbutt, Schleie, Felchen.

Eier: siehe Magenschonkost

Fette: erlaubte kleine Mengen Butter, ungeschlagene Sahne, Diätpflanzenmargarine oder Diätöl. Fette zum Schluß zugeben, nicht mitkochen, nicht bräunen, keine Einbrennen (Mehlschwitzen).

Nährmittel, Teigwaren, Brot, Backwaren: siehe Magenschonkost

Kartoffeln: vgl. Magenschonkost

Gemüse: vgl. Magenschonkost

Salate: vgl. Magenschonkost

Obst und Obstsäfte: frische Säfte, Apfelsinen, Äpfel, Aprikosen, Bananen, Erd- und Himbeeren, Mandarinen, Pfirsiche — immer geschält und ohne Kerne.

Gewürze: vgl. Magenschonkost; mild salzen.

Zu vermeiden sind

jegliche Art von Alkohol, Bohnenkaffee, kohlensäurehaltige Getränke wie Limonaden, Mineralwasser; zu heiße, zu kalte oder gar eisgekühlte Getränke.

Fleisch: alle fetten Fleisch- und Geflügelarten; fette und scharfe Konserven, fette Wurstwaren.

Fisch: alle fetten Fische und Fischkonserven, Räucherfisch in jeder Form.

Eier: in Mayonnaisen, roh, als Solei, fett zubereitet oder fett und scharf gebraten.

Fette: Plattenfette, Schweineschmalz, Talg, Grieben.

Brot- und Backwaren: vgl. Magenschonkost.

Kartoffeln: vgl. Magenschonkost

Gemüse: vgl. Magenschonkost

Obst: Steinobst mit Ausnahme der erlaubten Sorten, Preiselbeeren, Mandeln, Nüsse, Rosinen, Feigen Datteln.

Gewürze: vgl. Magenschonkost.

Süßspeisen: alle kalten und besonders Eissüßspeisen.

Milcherzeugniss: Fettreiche Käsesorten, alle Käse- und Quarksorten mit Sahnezusatz, Schlagsahne, saure Sahne.

Praktische Winke und Ratschläge

Gesündeste Zubereitung bei allen Nahrungsmitteln wählen, z. B. im Schnellkochtopf dämpfen und dünsten. Mindestens täglich einmal mageren Quark als
Aufstrich, als Obst- oder Kräuterquark servieren. Suppen und Soßen mit
angerührtem Stärkemehl binden, ggf. mit Joghurt verfeinern. Gerichte ohne
Einbrenne (Mehlschwitze) zubereiten. Fette nicht mitkochen, sondern zum
Schluß zugeben. Keine kalten Speisen. Beachten Sie, daß im vitavit Schnellkochtopf zubereitete Speisen stets wenig Salz oder Gewürze benötigen, da die
natürlichen Nährsalze erhalten bleiben.

Kost bei Übergewicht

Erlaubt ist (in vorgeschriebenen Mengen)
Getränke: verschiedene Teesorten ggf. mit Zitronensaft; Obstsäfte; Buttermilch;
Kaffee ohne Zucker und Sahne.
Fleisch: nur magere Sorten, vor allem vom Rind, bei fettarmer Zubereitung.
Fisch: alle mageren Sorten
Wurstwaren: mager, mild gewürzt.
Käse: Magermilchspeisequark, magere und milde Käsesorten.
Eier: gekocht, fettarm zubereitet.
Gemüse: alle Sorten, roh oder gedämpft, möglichst salzarm.
Salate: alle Arten mit Joghurt oder Zitronensaft, o h n e Sahne.
Obst: alle Sorten (eingeschränkt Bananen, Birnen, Datteln, Feigen).
Gewürze: wenig oder kein Salz, viel frische Kräuter, Muskat, Mayoran, Küm-
mel, Lorbeerblätter, Wacholderbeeren, Zwiebeln, Knoblauch, Tomatenmark,
Vanille, Nelken, Zimt.

Stark einzuschränken sind

Fleisch/Fleischwaren/Fisch: alle fetten Sorten Fleisch, Wurst und Fisch, des-
gleichen alle fetten und scharf gewürzten Konserven.
Käse: alle fettreichen und scharfen Sorten.
Fette: in jeder Art.
Brot, Backwaren, Nährmittel, Teigwaren: Schwarzbrot in erlaubten Mengen;
alle übrigen Backwaren, Nährmittel und Teigwaren stark einschränken.

Kartoffeln: möglichst wenig und gar nicht als Bratkartoffeln oder Pommes frites.

Süße Nährmittel: Zucker, Süßigkeiten, Schokolade, Kakao, Honig, Marmelade, Gelee, Kompotte mit Zucker.

Nüsse: alle Sorten, auch Mandeln.

Süßspeisen: alle Arten, auch Eis.

Getränke und Milcherzeugnisse: Vollmilch, Sahne, alkoholische Milchmixgetränke, Liköre, Bier, Wein, alle zuckerhaltigen Getränke, alle alkoholischen Getränke.

Praktische Winke und Ratschläge

Zunächst für die ganze Familie nach diesen Vorschriften kochen. Nach Wegnahme der Diätportion die übrigen Speisen fertigstellen, z. B. durch Zugabe von Sahne, Butter usw. Die gesündeste Art der Zubereitung ist insbesondere bei Gemüsen das Dämpfen und Dünsten. Je abwechslungsreicher gekocht wird, destoweniger werden Mangelerscheinungen auftreten.

Die Kalorienangaben auf der Seite 13 sind besonders wichtig für die Zusammenstellung der Kost bei Übergewicht!

Auf die Schonkost für Diabetiker gehen wir nicht ein. Sie ist zu individuell und muß vom Arzt nach der Menge der Kohlehydrate und Broteinheiten sowie der Fettration pro Tag für jeden einzelnen Patienten bestimmt und ständig kontrolliert werden.

Jeder Diabetiker kennt seine Vorschriften. Die Hausfrau kann aber auch für diese Schonkost den Speisezettel unter Berücksichtigung der Vorschriften für den Diabetiker interessant gestalten.

Abwechslungsreich, schmackhaft, gesund und vor allem vitaminreich muß jede Schonkost zubereitet werden, dafür sind Schnellkochtöpfe stets zu empfehlen. Gerade für sie ist das leckere, für das Auge appetitliche Anrichten besonders unerläßlich. Dann kann auch die strengste Diät dem Patienten am Familientisch Freude bereiten und somit zur schnelleren Genesung beitragen!

Kleine Vorratskunde

Die kluge Hausfrau ist für alle Fälle gerüstet. Kein unverhoffter Besuch kann sie in Verlegenheit bringen. Ihr Lebensmittelvorrat ist ihr großer Helfer, um jeder Situation gewachsen zu sein. Bei Tag und Nacht läßt sich jederzeit schnell eine lukullische Gaumenfreude zaubern, wenn der Vorratsschrank die richtigen Dinge enthält. Dafür finden Sie Vorschläge.

Nahrungsmittel und Menge je Kopf	Lagerdauer in Monaten	Lagerbedingung			
		luftig	trocken	kühl	frostfrei
Knäckebrot, 2 Pak.	12		x		
Dauerbrot, 1 kg	12	x	x	x	x
Kekse, 250 g	12	x	x		
Teigwaren, 500 g	24	x	x		
Grieß, 250 g	6	x	x		
Reis, 250 g	24	x	x		
Mehl, 500 g	6	x	x		
Hülsenfrüchte, 250 g	12	x	x		
Kochfertige Suppen 2-3	6	x	x		
Kochfertige Kart. gerichte z. B. Breie, Klöße je Art 2 Pak.	12—18	x	x		
Trockengemüse 50 g	12	x	x		
Kaffee, Tee, Kakao nach Belieben	6—12	x	x		
Schokolade, 100 g	12	x	x	x	
Zucker, 1 kg	24	x		x	
Marmeladen, 125 g			x	x	x
Honig, 125 g	12		x		x
Salz, 250 g	unbegrenzt		x		
Kondensmilch, 250 g	12		x	x	x
Plattenfette, 125 g	12		x	x	x
Butter, 250 g	2—3		x	x	
Konserven je 1 kg					
Fleisch, Gem. Obst	12—24		x	x	x
Fischkons. nach Bel.	6—12		x	x	
Essig 1/8 l	12			x	x

Außerdem für alle Fälle: Senf, Mayonnaise, etwas Salzgebäck, Mixed Pickes, Essiggürkchen, einige Eier, luftfreie Packungen mit Schinken, Dauerwurst und Käse in Scheiben usw.

Das 1 x 1 der Mengen

1. Durchschnittswerte je Kopf und Mahlzeit

	Für 1 Person	für 4 Personen
Bratensoße	$1/_{16}$ l	$1/_4$ l
Fischfilet	150 g	600 g
Fisch mit Gräten	200 g	800 g
Fleisch mit Knochen	150 g	600 g
Fleisch ohne Knochen	100 g	400 g
Gemüse	200—250 g	800—1000 g
Grieß für Brei	$1/_4$ l 30 g	1 l 120 g
Grieß für Klößchen		60 g
Grieß für Suppen	$1/_4$ l 15 g	1 l 60 g
Hülsenfrüchte	100 g	350 g
Kartoffeln als Beilage	200—250 g	800—1000 g
Kartoffeln als Hauptgericht	350 g	1000—1500 g
Milchreis	60 g	250 g
Reis als Beilage	60—70 g	300 g
Suppe als Hauptgericht	$1/_4$—$1/_2$ l	$1^{1}/_{2}$—2 l
Suppe als Eingangsgericht	$1/_8$—$1/_4$ l	$3/_4$—1 l
Teigwaren als Beilage	50— 60 g	150—200 g
Teigwaren als Hauptgericht	80—100 g	320—400 g

2. Durchschnittswerte nach Löffel- und Tassenmaßen

	1 Eßl. gehäuft	1 Eßl. gestrichen	1 Teel. gestrichen	1 Tasse
Backpulver = 18 g			3 g	
Flüssigkeit $1/_8$ l		8		1
Flüssigkeit $1/_4$ l		16		2
Käse gerieben	20 g	10 g	5 g	
Graupen	30 g	15 g		200 g
Grieß	30 g	15 g		200 g
Mehl	20 g	10 g	3 g	
Reis	25 g			200 g
Salz	20 g	10 g	5 g	
Semmelbrösel	20 g	10 g	3 g	
Stärkemehl	20 g	10 g	3 g	
Zucker	30 g	15 g		

Suppen — immer aktuell

Die Suppe ist die Visitenkarte der Hausfrau. Meist ist sie die Ouvertüre des Essens und hat die Aufgabe, die Geschmacksnerven und damit die Verdauung anzuregen. Als gehaltvolle Suppe oder als Eintopf kann sie auch als vollwertige Hauptmahlzeit dienen. Selbst wenn es schnell gehen muß, kann jederzeit eine lecker duftende und dampfende Suppenschüssel auf dem Tisch stehen — und sei es um Mitternacht zur Stärkung lieber Gäste.

„Die Suppe verspricht — was der Braten hält"
Jede Hausfrau weiß, daß sie auch bei schneller Küche auf Suppen, deren Duft schon das Wasser im Munde zusammenlaufen läßt, nicht zu verzichten braucht. Es gibt viele Heinzelmännchen, die ihr gern helfen wollen; sie muß sie nur ausnutzen.
1. Mit Hilfe der modernen Schnellkochtöpfe lassen sich in kürzester Zeit alle Suppen in vorzüglichster Qualität herstellen,
2. Die Nahrungsmittelindustrie bringt reiches Angebot von Suppen — von der klaren Fleischbrühe bis zum dicken Eintopf gibt es heute schon fast jede Sorte als Fertigprodukt. Bei Bedarf lassen sie sich abwandeln oder verbessern,
3. Auch mit Tiefkühlkost und Konserven kann man im Nu eine leckere Suppe zaubern.
Sie finden nachfolgend einige Grundrezepte von Suppen für die Zubereitung in Schnellkochtöpfen. Einige Beispiele zeigen, wie auch eine besondere Suppe schnell zubereitet werden kann.

Kleines Suppenbrevier

A *Zubereitung in Schnellkochtöpfen*
1. Flüssigkeiten genau abmessen, weil in Schnellkochtöpfen keine Flüssigkeit verdampft.
2. Schnellkochtopf niemals über zwei Drittel füllen. Wird mehr Suppe benötigt, dann zunächst mit reichlicheren Zutaten ein stärkeres Konzentrat herstellen, das hinterher durch Zugabe von kochend heißem Wasser auf die erforderliche Menge gebracht wird.
3. Alle Suppen im offenen Topf zwei bis dreimal aufkochen lassen, umrühren und wenn sich Schaum bildet, abschäumen. Danach den Topf nach Vorschrift schließen. Überkochen wird so verhindert.
4. Die Kochtemperatur rasch ansteigen lassen und gemäß Angabe dann regulieren.

B *Allgemeine Winke und Ratschläge*

Was tun, wenn
die Suppe trüb ist? Fett und Schaum abschöpfen, ein verquirltes Eiweiß kurz aufkochen, mit einem Schaumlöffel entfernen.
die Suppe versalzen ist? Einige dicke Scheiben rohe Kartoffeln in der Suppe kochen, sie nehmen das überschüssige Salz auf. Kartoffeln wieder entfernen.
die Suppe zu fett ist? (wichtig für Diätsuppen) Suppe durch ein sauberes, ausgekochtes, in kaltes Wasser getauchtes Tuch gießen oder Fett abschöpfen.
die Suppe fad schmeckt? Fleischextrakt oder Bouillonwürfel kurz vor dem Anrichten zugeben.
die Suppe zu farblos ist? Eine geriebene Möhre unterrühren oder zwei Zwiebelhälften an den Schnittflächen goldbraun rösten und in der Suppe kurz aufkochen lassen. Oder eine Zwiebelschale mitkochen.
die Suppe pikant gewünscht wird? Suppen, deren Geschmack es erlaubt, z. B. kräftige Brühen, Goulaschsuppen usw., einen Schuß Wein zufügen. Helle Suppen schmecken kräftiger, wenn eine Käserinde mitgekocht wird; dunkle Suppen werden sämiger und herzhafter durch eine Schwarzbrotrinde.

Grundrezept für Brühen

Fleischbrühe	Hühnerbrühe	Knochenbrühe
500 g Knochen	1 Suppenhuhn	500 g Knochen
300 g Suppenfleisch	Magen	(für Kinder- oder
(Querrippe, Schwanzstück)	Herz	Diätsuppen
je 100 g	Leber	Kalbsknochen)
Leber, Milz, Herz	2 Suppengrün	2 Suppengrün
2 Suppengrün	Salz	Salz
Salz, ggf. Brühwürfel	Muskat	ggf. Brühwürfel

Alle Zutaten unter fließendem Wasser kurz, aber gründlich waschen. Mit dem Wasser (1 bis 1½ l) zwei- bis dreimal aufkochen lassen, dann erst Topf schließen und fertig garen.
Garzeit für Fleisch- und Knochenbrühe
im vitavit Schnellkochtopf 40 Minuten, bei üblicher Zubereitung 2—3 Stunden.
Garzeit für Hühnerbrühe
im vitavit Schnellkochtopf 25 Minuten, bei üblicher Zubereitung 1—2 Stunden.

Grundrezept für gebundene oder legierte Suppen

Blumenkohlsuppe	Gemüsecremesuppe	Pilzsuppe
50 g Butter	50 g Butter	50 g Butter
30 g Mehl	**30 g Mehl**	**40 g Mehl**
1 Blumenkohl	300 g Gemüse	300 g frische oder
1 kleine Möhre	gemischt oder	50 g getrocknete
Salz, Muskat	nach Wahl, z. B.	Pilze, Salz
1 Eigelb	Spargel, Sellerie	1/8 l Sahne
2 Eßl. Sahne	1 Eigelb, 2 Eßl. Sahne	Petersilie
Petersilie	Salz, Muskat, Petersilie	ggf. Brühwürfel

Fett zerlassen, Mehl zugeben, je nach Wahl der Suppe hell oder dunkel bräunen. Kalte Flüssigkeit (1 bis 1½ l) unter Rühren aufgießen. Für Gemüsesuppen das je nach Art geputzte, geschälte, zerkleinerte Gemüse in der hellen Grundsuppe garen.

Für Cremesuppen das Gemüse nach dem Garvorgang durch ein Sieb streichen. Die Suppe würzen, das mit der Sahne verquirlte Eigelb in die heiße, aber nicht mehr kochende Suppe rühren.

Für Pilzsuppe das Mehl dunkler rösten.

Garzeit im vitavit Schnellkochtopf 3 bis 4 Minuten, bei üblicher Zubereitung 30 bis 40 Minuten.

Suppeneinlagen

2—3 Bratwürste, 2 Eier, ggf. Salz, Pfeffer, Muskat, Majoran, Fett zum Ausbacken

Wiener Fleischschöberln (Eierfleischwürfelchen)
Haut der Bratwürste entfernen. Inhalt mit Gabel zerdrücken, mit den Eiern gut verrühren, ggf. nachwürzen. Fett in der Pfanne erhitzen, Masse einfüllen, beiderseits goldbraun ausbacken. Als kleingeschnittene Würfel oder Rauten in Brühe reichen.

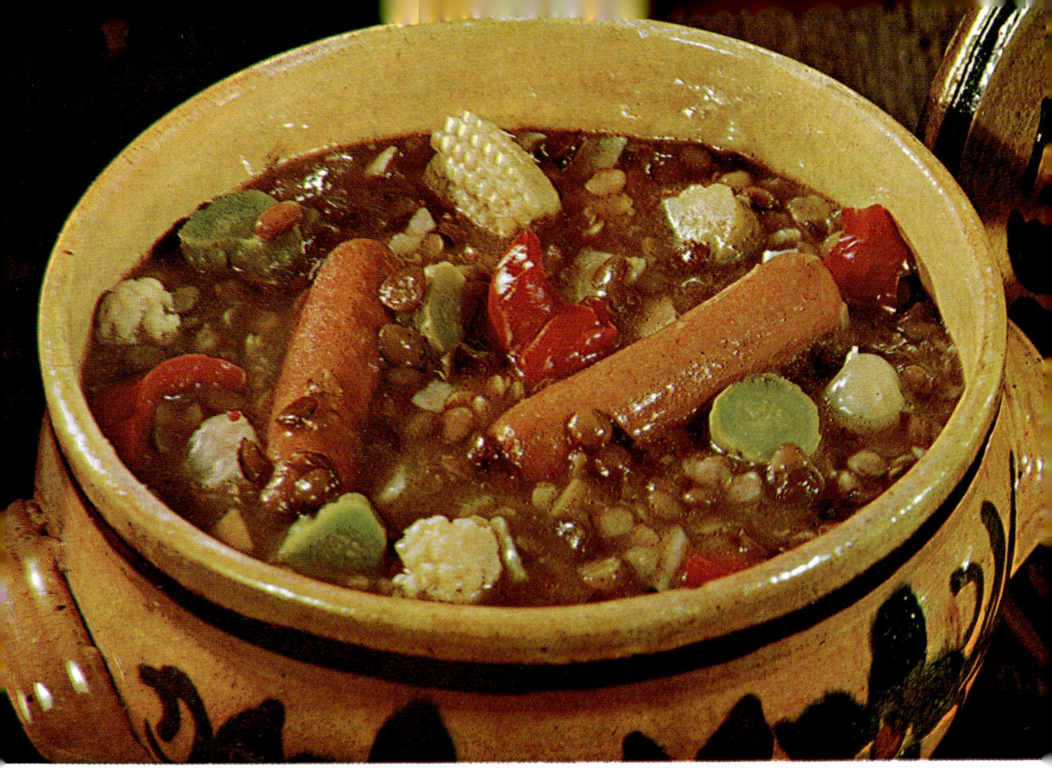

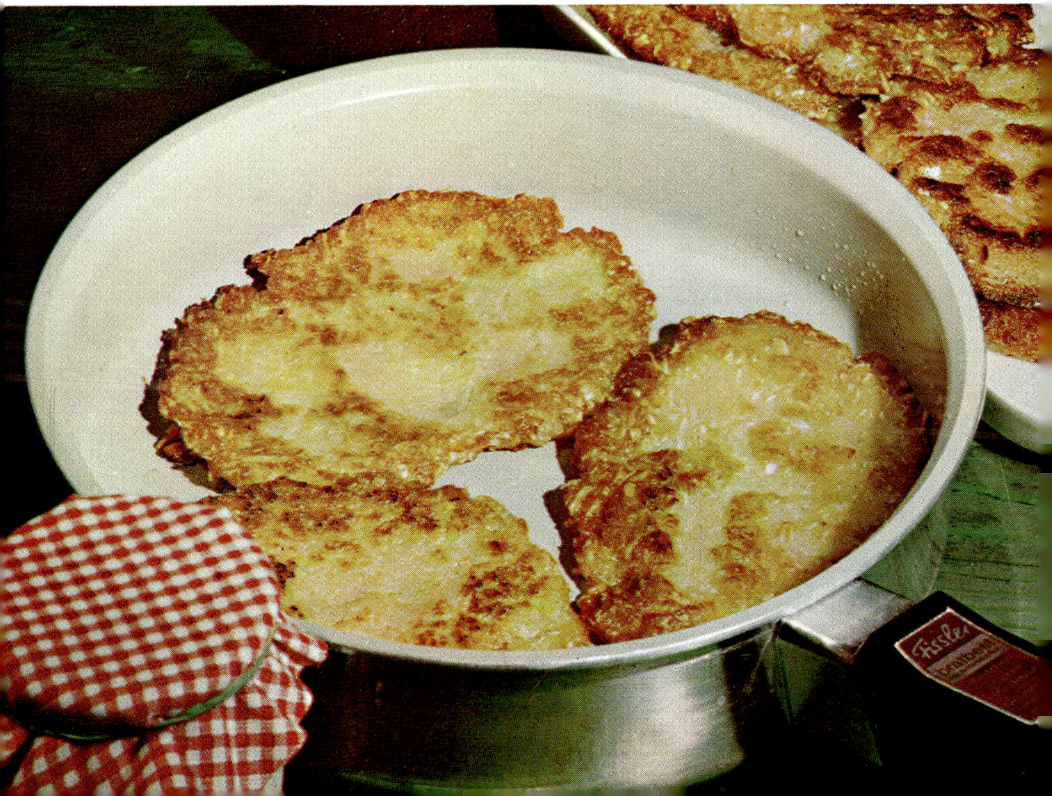

Bozener Marktpotpourri

Linsentopf mit Mixed Pickles

Kartoffelpuffer

Quiche mit Quark-Obst-Füllung
Rezept siehe Seite 58

Schnelle Lebernockerln oder Spätzle

Leberwurst mit Ei, eingeweichte und ausgedrückte Semmel, feingeschnittene Zwiebel, Gewürzen und Petersilie vermengen, als Nockerln oder Spätzle in der Brühe aufkochen lassen.

200 g grobe Leberwurst, 1 Ei, 1 Semmel (altbacken), 1 kleine Zwiebel, Majoran, Salz, Pfeffer, Petersilie

Zarte Grießnockerln

Butter und Gewürze gut verrühren, Ei, Grieß und feingehackte Petersilie zugeben, Nockerln abstechen und in die kochende Suppe einlegen. Nach dem Aufsteigen nur noch ziehen lassen.

30 g Butter, Salz, Muskat, 1 Ei, 60 g Hartweizengrieß, Petersilie

Schinkenklößchen

Schinken und Zwiebel fein hacken. Butter mit den Gewürzen schaumig rühren, Ei und alle übrigen Zutaten zugeben und gut verarbeiten. Mit nassen Händen Klößchen formen und in die Suppe einlegen. Nach dem Aufsteigen noch einige Minuten ziehen lassen.

50 g gekochten oder Lachsschinken, 1/2 kleine Zwiebel, Salz, Muskat, 1 Ei, 1/2 Semmel in Würfel geschn., Petersilie, Butter

Ein kleiner Tip am Rande Nockerln und Klößchen bleiben immer schön zart, wenn nach dem Aufsteigen der Nockerln bzw. Klößchen die Suppe mit etwas kaltem Wasser abgeschreckt wird. Dadurch wird ein zu langes **heftiges** Kochen verhindert. Die Nockerln sollen ja in der Suppe nur noch ziehen.

Suppen mit Pfiff

Blitzschnell zubereitet sind folgende Rezepte:

Cheeseburger Suppe

Zwiebeln und Speck in kleine Würfel schneiden, im heißen Mazola-Keimöl anrösten. Hackfleisch zugeben und anbraten. Lauch in Ringe schneiden, zufügen und andünsten. Mit Pfeffer und Knoblauch abschmecken. Champignonsuppe mit Schneebesen einrühren und 5 Minuten

1 Zwiebel, 30 g Speck, 2 Eßl. Keimöl, 250 g gem. Hackfl., 1 Stange Lauch, 1 l Wasser (kalt), Pfeffer und Knoblauchwürze,

1 Beutel „Champignonsuppe", 2 Ecken Edelcremchampignon, Schnittlauch

schwach kochen lassen. Käsecremewürfel als Flöckchen zur Suppe geben, einige Minuten ziehen lassen und gut umrühren, bis der Käse gleichmäßig verteilt ist. Vor dem Servieren feingeschnittenen Schnittlauch darüberstreuen.

Kartoffelsuppe „Solothurn"

1 Paket „Kartoffelsuppe", 1 l Wasser, 150 g Emmentaler, 1—2 Tomaten, Schnittlauch

Inhalt des Beutels in warmes Wasser einrühren und unter ständigem Rühren aufkochen. Käse in kleine Würfel schneiden, zugeben und etwas ziehen lassen. Tomaten klein würfeln, Schnittlauch fein schneiden und kurz vor dem Anrichten der Suppe unterbrechen.
Gar- und Zubereitungszeit: insgesamt 5 Minuten.

Grüne Bohnensuppe

2 Beutel „Grüne Bohnensuppe", 1½ l Wasser, 50 g Schinkenspeck, 1 Zwiebel, Wurst nach Belieben

Inhalt der Beutel unter ständigem Rühren ins lauwarme Wasser einstreuen und garen (Beim Garen im Schnellkochtopf erst nach dem Aufkochen und Umrühren den Topf schließen). Zwiebel und Speck in kleine Würfel schneiden. Speck auslassen, Zwiebel darin goldbraun rösten. Wurstscheiben vor dem Anrichten in die Suppe geben. Die gerösteten Zwiebel- und Speckwürfel über die Bohnensuppe verteilen!
Garzeit im vitavit Schnellkochtopf: 4 bis 5 Minuten, bei üblicher Zubereitung 25 Minuten.

Veränderung: An Stelle von Wurstscheiben kann auch würfelig geschnittener gek. Schinken verwendet werden.

Goulaschsuppe auf Junggesellenart

50 g Fett, 3 große Zwiebeln, 3 Kartoffeln, 1 Eßl. Mehl, 1 l Würfelbrühe, Salz, Pfeffer, Paprika (2 Teel), 1 Eßl. Tomatenmark, 3 Krakauer oder Poln. oder Knoblauchwürste

Fett zerlassen, die kleingeschnittenen Zwiebeln glasig dünsten, die geschälten und in Würfel geschnittenen Kartoffeln zugeben, mit Mehl überstäuben, gut unterrühren und etwas andünsten. Würfelbrühe aufgießen, Gewürze und Tomatenmark zugeben. Würste von der Haut befreien, in Würfel oder Scheiben geschnitten in der Suppe nach dem Garvorgang noch einige Minuten ziehen lassen.
Garzeit im vitavit Schnellkochtopf: 2 bis 3 Minuten, bei üblicher Zubereitung: 10 bis 15 Minuten.

Der besondere Pfiff: Kurz vor dem Anrichten 1—2 Teelöffel milden Rosenpaprika in zerlassener Butter aufschäumen lassen (nicht bräunen) und damit die Goulaschsuppe übergießen. Das gibt ihr ein echt ungarisches Aussehen!

Feine Spargelsuppe

Aus Butter und Mehl eine helle Mehlschwitze zubereiten. Die Flüssigkeit des Dosenspargels mit Wasser und Milch auf 1 Liter ergänzen. Mit der Mehlschwitze verrührt aufkochen. Den Spargel in kleine Stückchen geteilt der Suppe zugeben, würzen, Eigelb mit Sahne verschlagen und Suppe damit legieren. In Terrinchen anrichten und mit gehackter Petersilie und Schinken bestreuen.
Zubereitungszeit: etwa 10 Minuten.

1 große Dose Brechspargel, 50 g Butter, 30 g Mehl, 1 l Flüssigkeit (Wasser, Milch, Spargelbrühe), Salz, Muskat, 1 Ei, 3 Eßl. Sahne (Dosenmilch) gehackte Petersilie, 50 g geh. Schinken

Champignonsuppe auf Brüsseler Art

Butter zerlassen, kleingeschnittene Zwiebel glasig dünsten, Mehl zugeben, hell rösten, die in Scheiben geschnittenen Champignons und Flüssigkeit zugeben und aufkochen. Würzen, hartgekochtes Ei und Petersilie feingehackt unterziehen.

Zubereitungszeit: etwa 10 Minuten.

50 g Butter, 1/2 kl. Zwiebel, 30 g Mehl, 1 Dose Champignons, 1 l Flüssigkeit (Dosenflüssigkeit, Brühe u. 1/8 l Sahne), Salz, Muskat, Petersilie, 1 Ei hartgekocht

Soßengeheimnisse

Ist die Soße gut geraten, verspricht sie einen guten Braten! Man sagt der Soße nach, daß sie ein Prüfstein der guten Köchin sei. Es wäre demnach nicht richtig, Soßen nebensächlich zu behandeln. Im Gegenteil, sie sollten zu Meisterwerke Ihrer Kochkunst entwickelt werden.
Die Nahrungsmittelindustrie bietet ein reichhaltiges Angebot an kochfertigen Soßen an. Auch damit können Sie abwechslungsreiche Soßen zaubern. Wirtschaftlicher ist es, zunächst von kleineren Fleischstücken eine konzentrierte Soße zuzubereiten, die je nach Bedarf mit einer kochfertigen Soße „verlängert" werden kann. Wenn die Soße gut gelungen und kräftig im Geschmack ist, dann darf die Fleischportion schon mal etwas kleiner ausfallen.

Damit Ihre Soßen noch besser gelingen, fügen wir wiederum Ratschläge und Winke an sowie einige schnelle, aber schmackhafte Rezepte.

Klümpchen werden vermieden: Bindemittel (Mehl, Stärkemehl) **kalt** anrühren und der kochend heißen, aber nicht wallenden Flüssigkeit unter Rühren zugeben; dann erst nochmals unter Rühren aufkochen.

Einbrennsoßen (Mehlschwitzen) mit kalter oder lauwarmer Flüssigkeit unter Rühren aufgießen.

Gebundene Soßen gerinnen nicht, wenn bei hellen Soßen nach Zugabe von kalt angerührtem Eigelb oder Sahne die Soße nicht mehr zum Kochen kommt (Das gleiche gilt für Wein, Zitronensaft und saurer Sahne).

Küchenkräuter beim Anrichten gehackt zugeben, nicht mitkochen. Getrocknete Kräuter jedoch mitkochen, es schmeckt besser.

Schwerverdauliche fette Soßen sind bekömmlicher, wenn sie mit Stärkemehl (z. B. Mondamin) gebunden werden. Der Eigengeschmack solcher Soßen bleibt dadurch erhalten (auf $^1/_2$ l Soße 1 gestr. Eßl. Mondamin kalt anrühren).

Mehr Soße erhalten Sie, ohne daß sie an Geschmack verliert, wenn sie mit kochfertiger Bratensoße verlängert wird (vgl. oben).

Kräutersoßen verfeinern Sie durch Zugabe eines Stückchens Kräuterbutter (im Handel erhältlich).

Sahnesoße

$^1/_4$ l Bratenfond/ Wasser, 1 Btl. Feinkost Bratensoße, $^1/_8$ l Sahne oder 8 Eßl. Dosenmilch, 3-4 Eßl. Weißwein, Zitronensaft, Paprika

Bratenfond mit kaltem Wasser zu $^1/_4$ l Flüssigkeit auffüllen. Feinkost Bratensoße darin anrühren, unter Rühren aufkochen und bei schwacher Hitze 1—2 Minuten kochen. Soße mit Sahne oder Dosenmilch, Weißwein, Zitronensaft und Paprika abschmecken.

Teufelssoße

$^1/_4$ l Bratenfond/ Wasser, 1 Btl. Feinkost Bratensoße, $^1/_2$ kl. eingelegte Pepperoni, 1 Teel. Senf, 1-2 Eßl. Weißwein, evtl. einige Perlzwiebeln

Bratenfond mit kaltem Wasser zu $^1/_4$ l Flüssigkeit auffüllen, Feinkost Bratensoße darin anrühren, unter Rühren aufkochen und 1—2 Minuten bei schwacher Hitze kochen. Pepperoni in kleine Würfel schneiden und zugeben. Soße mit Senf und Weißwein abschmecken.

Marina-Soße

Bratenfond mit kaltem Wasser zu ¼ l Flüssigkeit auffüllen. Feinkost Bratensoße darin anrühren, unter Rühren aufkochen und bei schwacher Hitze 1—2 Minuten kochen. Mit Sahne oder Dosenmilch und Tomatenketschup abschmecken. Feingeschnittenen Schnittlauch darüberstreuen.

¼ l Bratenfond/ Wasser, 1 Btl. Feinkost Bratensoße, 3 Eßl. Sahne oder Dosenmilch, 3 Eßl. Tomatenketchup, Schnittlauch, evtl. ein Schuß Madeira

Soße Bèarnaise (Blitzzubereitung)

Kräuterbutter etwas erweichen (nicht zerlassen), alle Zutaten in angegebener Reihenfolge zugeben und kräftig durchschlagen. Delikat zu Roastbeefröllchen, Steaks und ähnlichen Gerichten.

1 Pak. fertige Kräuterbutter, 3 Eigelb, 5 Eßl. Weißwein, Gewürze nach Bedarf, Zitronensaft, 1 Eßl. geh. Petersilie

Cumberlandsoße

Dünn abgeschälte Orangenschale fein hacken und kurz blanchieren. Alle Zutaten mit dem Schneebesen kräftig schlagen. Schmeckt vorzüglich zu Wild.

1 Glas Rotwein, 2 Eßl. Senf, Saft von 2 Orangen, Schale von 1 Orange, 5 Eßl. Johannisbeergelee, Salz, Pfeffer

Gemüse — schonend und köstlich gegart

Die Natur schenkt uns mit dem Gemüse eines der wertvollsten und gesündesten Nahrungsmittel; es ist ein unentbehrlicher Bestandteil einer vollwertigen Kost.

Um den Gehalt der Mineralsalze, den Vitaminreichtum, den vorzüglichen Eigengeschmack und ein gartenfrisches Aussehen zu bewahren, ist eine schonende Zubereitung erstes Gebot. Kürzeste Garzeit — wenn möglich im Dampf oder mit nur wenig Fett im eigenen Saft zubereitet — ist oberstes Gebot für jede Art von Gemüse. Selbstverständlich bietet sich dafür das rasche und somit besonders gesunde Garen im vitavit Schnellkochtopf geradezu an. Die üblichen Zubereitungsarten können aber genauso gut sein, wenn schon das Vor- und Zubereiten sorgfältig geschieht und wenn das Gemüse nicht ausgelaugt oder totgekocht wird. Damit der hohe Nutzwert dieses Nahrungsmittels nicht verloren geht, sollte man beim Vor- und Zubereiten des Gemüses also einige wichtige Grundregeln stets beachten.

1. Gemüse erst knapp vor Verwendung unter fließendem Wasser kurz, aber gründlich waschen, beliebig zerkleinern und sofort in den Kochtopf geben (nicht im Wasser liegen lassen, geputzt, geschnitten auch nicht über Nacht).

2. Karotten, Möhren, Petersilienwurzeln, Sellerieknollen und ähnliches Wurzelgemüse unter fließendem Wasser abkratzen, möglichst mit einem Kratzschwamm, niemals schälen, sonst gehen die dicht unter der Schale liegenden Vitamine verloren!

3. Wichtigstes Gebot: kürzeste G a r z e i t einhalten!

Dazu soll die nachfolgende Tabelle eine Hilfe sein. Sie enthält die Garzeiten von Gemüse für die Zubereitung in Schnellkochtöpfen, und zwar für Frisch- und Tiefkühlgemüse, sowie für die Zubereitung im normalen Zubereitungsgeschirr.

Gut — gesund — und s c h n e l l kochen, das ist die Devise dieses Kochbüchleins. Aus diesem Grunde wird auch bei einigen Rezepten auf Konserven und Fertigprodukte verwiesen. Wenn unverhoffter Besuch kommt, wenn Zeitmangel herrscht oder wenn nach einem längeren Abend nochmals Hunger verspürt wird — für alle Fälle weiß derjenige Rat und kommt nie in Verlegenheit, wer ständig eine kleine Reserve, auch an Konserven, parat hält.

Anmerkung: Damit Sie immer ein vorzügliches Gemüse servieren können, haben wir die Garzeiten angegeben

1. für das Garen im vitavit Schnellkochtopf, denn *Schnelles Kochen* ist für uns oberstes Gebot,

2. für alle, die noch keinen vitavit Schnellkochtopf besitzen. Auch hier sollen die Garzeiten nicht überschritten werden.

Unserem Motto getreu, empfehlen wir bei üblicher Zubereitung ganz besonders Tiefkühlgemüse. Es ist bereits vorbereitet; man spart die langwierigen Reinigungs- und Zerkleinerungsarbeiten, und da es vor dem Einfrieren schon kurz überbrüht wurde, sind die Garzeiten um $1/3$ kürzer als beim Frischgemüse.

Garzeiten für Gemüse

Gemüseart und Tips	Garzeiten für vitavit Schnellkochtopf Minuten	Frischgemüse Normalkochtopf Minuten	Garzeiten für vitavit Schnellkochtopf* Minuten	Tiefkühlgemüse Normalkochtopf Minuten
** Blumenkohl, in Salzwasser legen	6—8	25—35	8—10	18—25
Bohnen grün	5—7	25—35	6—8	18—25
*** Bohnen getrocknet, einweichen, abgießen, neu ansetzen	30—35	90—120	—	—
Chicorée	6—8	10—20	6—8	10—15
Erbsen grün frisch	2—3	10—20	3—4	8—12
*** Erbsen getrocknet, einweichen und mit dem Einweichwasser garen	10—20	70—90		
Karotten mit Drahtschwamm bürsten, nicht schälen	4—6	25—35	5—7	18—25
Kohl (weiß — rot), dem Rotkohl gleich zu Beginn etwas Essig zufügen	5—7	50—70	6—8	40—60
Kohlrabi	4—6	25—35	5—7	18—25
Lauch	4—6	25—35		
*** Linsen, wie Erbsen getrocknet	10—15	90—120		
Möhren, wie Karotten	4—6	25—35	5—7	18—25
Paprikaschoten gefüllt	6—8	25—35	7—9	18—25
Rosenkohl	4—6	20—30	6—8	12—20
Rote Beete	15—25	40—60	20—25	30—40
Sauerkraut	8—10	50—70		
Schwarzwurzeln, in Essigwasser abkratzen	4—6	30—40	5—7	20—30
Sellerie, in Essigwasser abkratzen	15—25	40—50	20—25	30—35
Spargel, von oben nach unten schälen	6—7	25—35	7—8	18—20
Spinat	4—6	10—15	5—6	8—12
Tomaten gefüllt	2—3	15—20	3—5	10—15
Wirsing	7—8	20—30	7—9	10—15
Zwiebeln gefüllt	4—6	15—20		

* Tiefkühlgemüse braucht für die Zubereitung im Schnellkochtopf nicht erst aufgetaut zu werden, da die Garzeiten in Schnellkochtöpfen besonders kurz sind

** Blumenkohl ist das einzige Gemüse, das ohne Qualitätsverlust längere Zeit im Wasser liegen darf. Im Salzwasser entfernen sich aus dem Blumenkohl Raupen und anderes Ungeziefer

*** Hülsenfrüchte immer erst nach dem Garvorgang salzen

Grundrezepte für Gemüse im vitavit Schnellkochtopf

1. Gemüse gedämpft

Gemüse je nach Art vorbereiten. Auf den Boden des vitavit ⅛ bis ¼ l Wasser geben. In den ungelochten Einsatz (oder gelochten Einsatz mit Alufolie auslegen) solche Gemüse geben, die leicht abfärben, z. B. Spinat, Rote Rüben, Rotkohl; in diesen Fällen zwecks besserer Dampfdurchflutung stets eine ¼ Tasse Flüssigkeit zugeben. Alle anderen Sorten im gelochten Einsatz zubereiten. Topf schließen und garen (Garzeit einhalten — siehe Tabelle). Zuletzt würzen, mit Butter und Petersilie und ggf. mit einer Soße reichen.

2. Gemüse gedünstet

Vorbereitetes Gemüse im vitavit mit etwas Fett, Salz, Gewürzen und Kräutern andünsten, etwas Flüssigkeit zugeben, garen und ggf. mit einer Soße reichen.
Es sei nochmals betont, daß bei gedämpftem Gemüse der zarte feine Naturgeschmack unverfälscht erhalten bleibt: beim gedünsteten Gemüse ist das zwar auch der Fall, jedoch wird er durch die Gewürze etwas verändert. Wegen der kurzen Garzeiten, kurzer Hitzeeinwirkung und des fehlenden Luftsauerstoffes behält das Gemüse bei beiden Garmethoden sein gartenfrisches Aussehen. Da jede Minute Garzeitverlängerung den Geschmack und Aussehen des Gemüses beeinträchtigt, ist ein Kurzzeitwecker von Vorteil oder ideal.

Puszta-Gemüse

200 g Schinkenspeck,
3 große Zwiebeln,
500 g Tomaten,
1000 g Paprikasch.,
5 Kartoffeln,
⅛-¼ l Würfelbrühe,
2 Teel. mild. Paprika
½ Teel. Pfeffer, Salz,
ggf. noch etwas
Tomatenmark

Speck und Zwiebeln kleinschneiden. Speck zerlassen, Zwiebeln darin glasig dünsten. Tomaten in Scheiben schneiden, Paprikaschoten von Kernen und Scheidewänden befreien, gut waschen und in Streifen schneiden, Kartoffeln schälen und in Würfel schneiden. Alles zugeben, Brühe aufgießen, Topf schließen und garen. Würzen.
Garzeit: im Schnellkochtopf 3—5 Minuten,
bei üblicher Zubereitung: 30—40 Minuten.

Wer das Puszta-Gemüse als Hauptgericht nimmt, kann gut gebräunten Leberkäs' oder heiße Debreziner dazu servieren. Dieses gesunde Gemüse läßt sich aber auch als Beilage an Stelle von Kraut zu saftigem Braten, Koteletts oder zu Kasseler Rippspeer verwenden.

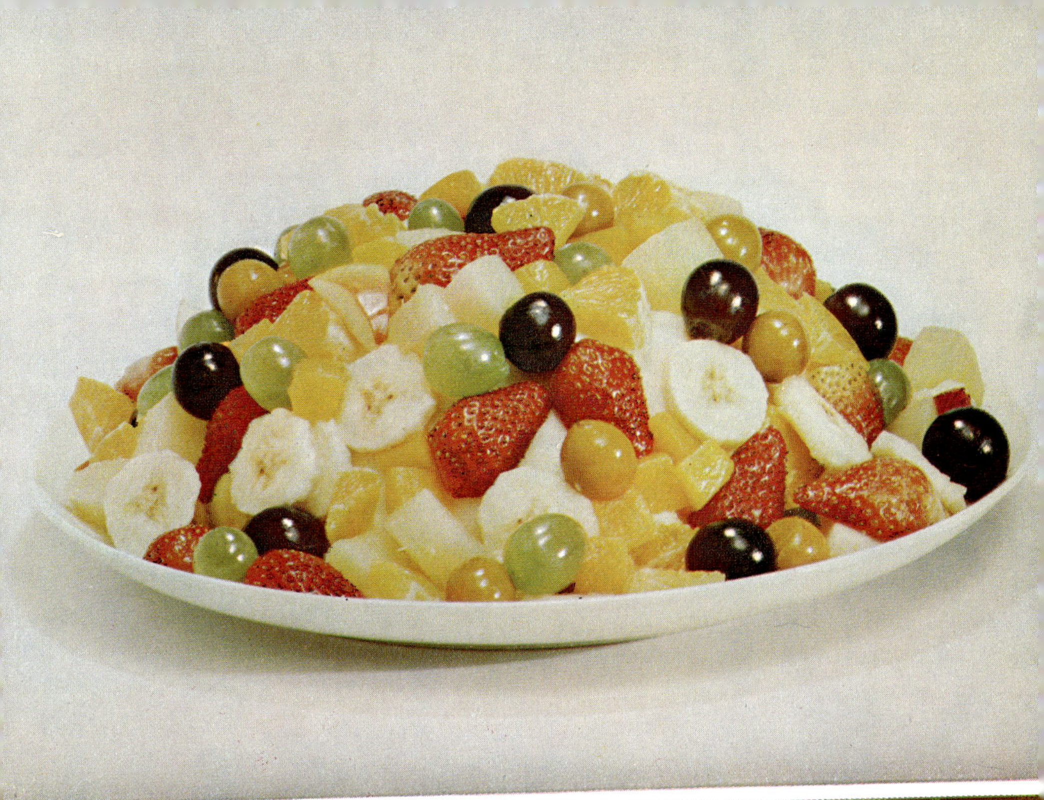

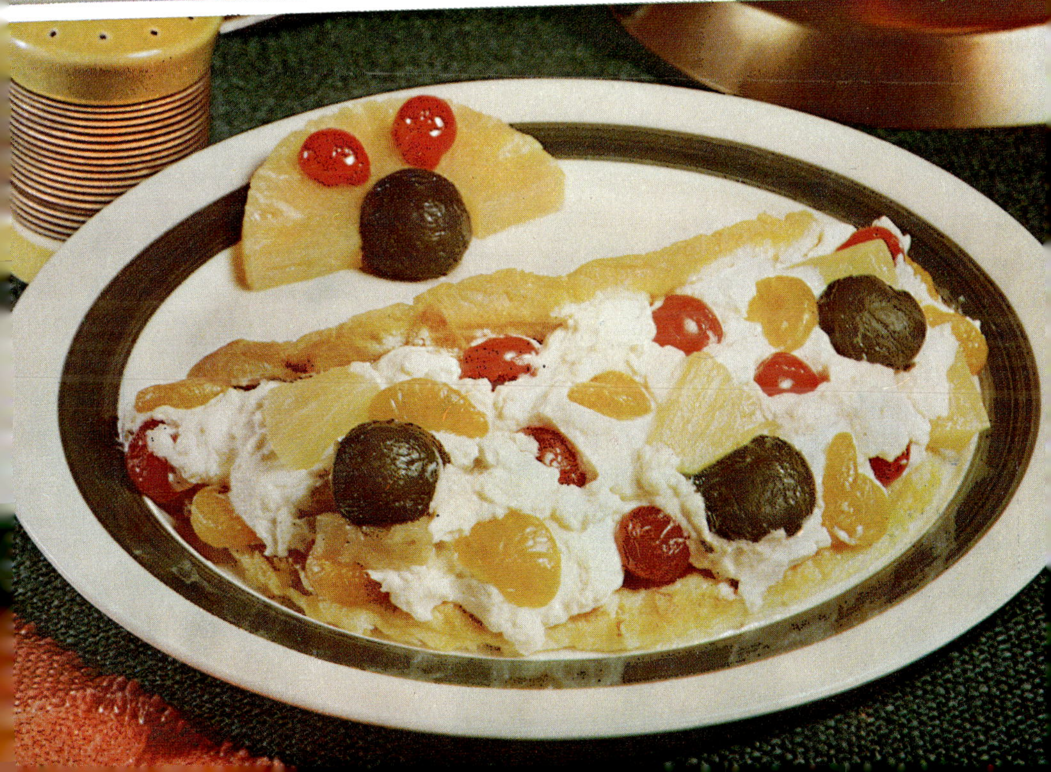

Bozener Marktpotpourri
Rezept siehe Seite 63

Omelett mit Quark-Obst-Füllung
Rezept siehe Seite 58

Gemüse mit Holländischer Soße

Das Gemüse entsprechend Grundrezept dämpfen oder dünsten. Die kochfertige helle Soße mit etwas weniger Wasser bereiten und von der Kochstelle nehmen. Eigelb mit Sahne gut verquirlen, mit Soße vermengen, Butter zugeben, Soße kräftig durchschlagen, mit Zitronensaft abschmecken, ggf. nachwürzen. Soße über das Gemüse geben und mit Petersilie bestreuen.
Garzeit für Gemüse: siehe Tabelle auf Seite 37.
Garzeit für Soße: 5 Minuten.

1000 g Gemüse nach Wahl, z. B. Blumenkohl, Rosenkohl, Kohlrabi, Spargel, Schwarzwurzeln, 1 P. „Helle" oder „Weiße Soße", 1-2 Eigelb, 1/8 l Sahne, 50 g Butter, Zitronensaft, Salz, Muskat, geh. Petersilie

Abwandlung: Es können etwa 300 g Champignons oder Steinpilze feinblättrig geschnitten in der Soße einige Minuten mitgekocht werden. Dieses Pilzgericht schmeckt vorzüglich als Beilage zu kurzgebratenen Fleischgerichten wie Steaks oder Naturschnitzel.

Blitzrezepte für gefüllte Kohlrollen

Gefüllte Weißkohlrollen

Vom Weißkohl die benötigten Blätter ablösen, Strunkstiel herausschneiden, vier große oder acht kleine Blätter in heißer Brühe etwa 5 Minuten ziehen lassen. Speck und Zwiebel kleinschneiden, Speck zerlassen, Zwiebel glasig dünsten, Leberwurstmasse, Ei und Gewürze zugeben. Kohlblätter mit der Wurstmasse bestreichen, zusammenrollen und binden. Fett erhitzen, die in etwas Zucker gewälzten Kohlrollen allseits bräunen. Brühe aufgießen, Topf schließen und die Rollen gut durchziehen lassen. Soße mit kochfertiger Bratensoße binden. Als Beilage Kartoffeln oder Pommes frites (aus der Tiefkühltruhe).

1 Weißkohl, 1/2 l Würfelbrühe, 150 g Schinkenspeck, 1 Zwiebel, 2-3 Leberwürste, 1 Ei, Salz, Pfeffer, Muskat, 50 g Fett, 1 Eßl. Zucker, 1/4 l Wasser, 1 Bratensoße

Garzeit: 10 bis 15 Minuten.

Aus dem Weißkohlrest kann ein Salat zubereitet werden. Restliche Kohlblätter fein schneiden, einige Minuten brühen unter Zugabe von etwas Kümmel. Salat mit feingehackter Zwiebel, Essig und Öl anrichten.

1 Rotkohl, ¹/₂ l Brühe,
2 Eßl. Essig, 150 g
Schinkenspeck,
1 Zwiebel, 1 Ei, Salz,
Pfeffer, 2-3 Blut-
würste, 50 g Fett,
1 Eßl. Zucker,
¹/₄ l Wasser,
1 Bratensoße

Gefüllte Rotkohlrollen

Rotkohl wie Weißkohl vorbereitet. Der Brühe etwas Essig zugeben, alles andere wie oben beschrieben.
Als Beilage: Kartoffelbrei (aus der Tüte) mit Speck und Zwiebelwürfelchen garniert anrichten.

Garzeit: 10 bis 15 Minuten.

Abwandlung: In gleicher Art kann man gefüllte Wirsingrollen herstellen. Als Füllung dafür eignet sich Bratwurstmasse.

Panierter Blumenkohl

1 gr. Blumenkohl,
Salz, Mehl z. Bestr.,
Eiermilch aus: 2 Eier,
Salz, 5 Eßl. Milch,
Muskat, Semmel-
brösel, Fett zum Aus-
backen z. B. sehr ge-
sund und geeignet
Keimöl

Den Blumenkohl in große Stücke teilen. Im vitavit Schnellkochtopf halbgar dämpfen ca. 4 Minuten, bei anderer Art 15 Minuten.
Blumenkohlstücke gut abtropfen lassen, in flache Stücke schneiden, beidseitig leicht salzen, mit Mehl bestäuben, in die verquirlte Eiermilch tauchen, in Semmelbrösel wälzen und in heißem Fett goldbraun ausbacken.
Mit Salaten und Salzkartoffeln servieren.

Ausbackzeit: 10 bis 15 Minuten.

Gleiches Rezept kann auch für Kohlrabi- und Selleriescheiben genommen werden.

500 bis 700 g Spargel,
od. 1 gr. Ds. Spargel,
4 gr. Scheiben gek.
Schinken, 4 Scheiben
Chesterkäse, Teig
aus: 100 g Mehl, Salz,
Muskat, 2-3 Eier,
5 Eßl. Milch, 1 Eßl.
Öl, Fett zum Aus-
backen, z. B. Keimöl

Spargel cordon bleu

Den im vitavit Schnellkochtopf gedämpften (oder aus der Dose entnommenen) Spargel gut abtropfen lassen. Auf je eine Hälfte der Schinkenscheibe eine Scheibe Chesterkäse und darauf 3—4 Stangen Spargel legen, die andere Hälfte darüber klappen. Mit Hilfe eines Spachtels die Rolle vorsichtig in den Teig tauchen, abtropfen lassen und in heißem Fett goldbraun ausbacken.

Ausbackzeit: 10 bis 15 Minuten.

Mit Toast und Salaten servieren.

Abwandlung: An Stelle von Spargel können Schwarzwurzeln oder Lauchstangen verwendet werden.

Ein guter Rat: Speziell für solche Gerichte ist eine Pfanne wie Fissler bratfein novogrill besonders geeignet. Wir erwähnten schon: eine Schnellspülpfanne, die innen mit der widerstandsfähigen Antikleb-Schicht ausgestattet und außen hartcolor-emailliert ist. Darin gibt es mit Pfannengerichten überhaupt keine Schwierigkeiten mehr.

Schinkenrollengemüse auf Reissockel

Schinkenscheiben mit Butter bestreichen und mit Parmesankäse bestreuen. Das gut abgetropfte Dosengemüse in die Schinkenscheiben einrollen und ggf. etwas umwickeln. Pfanne mit Butter ausstreichen, Schinkenrollen einlegen, Deckel auf die Pfanne setzen, bei nicht zu großer Hitze erwärmen. Den Minuten-Reis nach Vorschrift abkochen und anschließend auf vorgewärmter Platte sockelartig anrichten. Dick mit Parmesan und gehackter Petersilie bestreuen. Die Schinkenrollen darüber verteilen. Die kochfertige helle Soße herstellen, dazu das Gemüsewasser verwenden.
Gesamtzubereitungszeit: 10 bis 15 Minuten.

4 Schinkenscheiben, 50 g Butter, Parmesankäse, 1 Dose Gemüse, z. B. Spargel, Erbsen mit Möhren, Leipziger Allerlei od. Ähnliches, 30 g Butter, 1 P. Minuten-Reis, Parmesankäse, Petersilie, 1 P. helle Soße ggf. etwas Sahne u. Gew.

Pikante Pfannkuchen

Teig nach Vorschrift herstellen; dünne helle Pfannkuchen ausbacken. Tomaten in Scheiben, Käse und Schinken in Würfel schneiden. Jeden Pfannkuchen mit Tomatenscheiben belegen, salzen und pfeffern, darüber die Käse- und Schinkenwürfel streuen. Pfannkuchen aufrollen und mit etwas Butter bestreichen. Pfanne mit Butter auspinseln. Rollen mit gehackter Petersilie oder Schnittlauch und Parmesankäse bestreuen. Bei geschlossenem Deckel und nicht zu großer Temperatur erhitzen, bis der Käse geschmolzen ist. Dazu Salate reichen.
Garzeit: 10 bis 15 Minuten.

1 P. Fertigmischung f. Pfannkuchenteig, Milch n. Vorschrift, Fett zum Ausbacken, oder Pfannkuchenteig aus 3 Eiern, 1/2 l Milch, 250 g Mehl, Salz, 500 g Tomat., 100 g Vollfettschnittkäse (Chest., Gouda), 100 g Schinken, 50 g Butter, Petersilie, Parmesankäse

Diese Pfannkuchen gelingen besonders gut in der Fissler bratfein novogrill und benötigen darin nur wenig Fett. Das Reinigen ist ein Kinderspiel. Unter den heißen Wasserstrahl halten, im Nu sind alle Speisereste von der widerstandsfähigen Antikleb-Schicht und der äußeren Hartcolor-Flammvergütung verschwunden.

Gemüsereste lecker verwertet

Eierblumenkohl

etwa 500 g Blumen-
kohlreste (gegart),
1 Zwiebel, 50 g Butter,
3 Eier, 5 Eßl. Milch,
Salz, Pfeffer, Muskat,
1 Eßl. geh. Petersilie

Zwiebel kleinschneiden. Butter zerlassen, Zwiebeln darin glasig dünsten. Blumenkohlreste in kleinen Röschen zugeben, mit der Zwiebel vermengen und etwas durchdünsten. Eier mit Milch und Gewürzen gut verrühren, über das Zwiebel-Blumenkohl-Gemisch gießen und ähnlich wie Rühreier fertigstellen. Nochmals mit Gewürzen abschmecken. Mit Salaten, Toast, ggf. mit Kartoffeln ist dieses Gericht eine gute Abendmahlzeit.
Garzeit: etwa 10 bis 15 Minuten.

Gemüsebratlinge

etwa 500 g beliebige
Gemüsereste, 1 Zwie-
bel, 2 Brötchen ein-
weichen, 2 Eier, Salz,
Pfeffer, Semmel-
bröseln, Fett zum
Ausbacken, 1 Paket
Kartoffelbrei, Milch
nach Vorschrift,
50 g Speck,
1 kleine Zwiebel

Zwiebel kleinschneiden, eingeweichte und ausgedrückte Brötchen mit den vorgegarten Gemüseresten, Eiern und Gewürzen gut vermengen. Kleine Bratlinge formen, in Semmelbrösel wälzen und in heißem Fett beiderseits ausbacken. Kartoffelbrei (ggf. aus der Tüte) herstellen, mit gebräunten Zwiebel- und Speckwürfelchen garnieren. Dazu Salate oder Preiselbeerkompott.
Ausbackzeit: 10 bis 15 Minuten.

Gemüsesalat

etwa 500 g Gemüse-
reste z. B. Erbsen mit
Möhren, Spargel,
Kohlrabi, 1 Glas
Mayonnaise od. Soße
aus: 1/4 l saure Sahne,
2 Teel. Senf, Zitro-
nensaft, 2 Eigelb,
Gewürze

Dazu eignen sich alle gedämpften Gemüsereste besonders gut. Gemüse mit Mayonnaise oder mit Soße aus den angegebenen Zutaten vorsichtig unterheben.

Der Salat ist als Füllung für Schinkenrollen oder Tomaten geeignet; schmeckt auch vorzüglich zu kaltem Braten, kalten Platten oder auf Toast mit grünen Salaten.

Geliebter Eintopf

1. Eintopfgerichte aus Gemüse, Kartoffeln, Fleisch sind immer beliebt

Grundrezept für Gemüseeintopf

Kartoffeln schälen und in Würfel schneiden. Gemüse putzen und zerkleinern (Wurzelgemüse in Würfel, Blattgemüse in Streifen oder Stücke schneiden und Blumenkohl in kleine Rosen teilen). Fleisch in Würfel schneiden. Kleingeschnittene Zwiebel im zerlassenen Fett etwas andünsten. Alle vorbereiteten Zutaten zugeben und garen. Dieser Eintopf kann sowohl ohne als auch mit Fleisch zubereitet werden. Zu beachten sind dabei lediglich die unterschiedlichen Garzeiten.

750 g Kartoffeln, 750 g gem. Gemüse (z. B. Möhren, Erbsen, Lauch, Sellerie, Wirsing, Rosenkohl, Blumenkohl, Weißkohl), am besten 5-6 Sorten, 1 Zwiebel, 50 g Fett, Salz, Pfeffer, bei Eintopf mit Fleisch, 200 g Rindfleisch, 200 g Schweinefleisch

Garzeit im vitavit Schnellkochtopf mit Fleisch: Fleisch allein 13 Minuten, nach der Gemüsezugabe weitere 7 Minuten; **ohne** Fleisch: 7 Minuten.

Garzeit bei üblicher Zubereitung: **mit** Fleisch 60 bis 70 Minuten, **ohne** Fleisch 30 bis 40 Minuten.

Für solche Eintopfgerichte eignen sich genauso gut Tiefkühlgemüse, gekauft oder selbst eingefroren. Wer es besonders eilig hat, nimmt an Stelle des Fleisches gekochten Schinken oder Leberkäs' bzw. Wurst. Dann hat man im vitavit Schnellkochtopf in 7 Minuten einen Eintopf mit Fleisch.

Sauerkrauteintopf mit Schinken

Zwiebeln kleinschneiden, im zerlassenen Fett glasig dünsten. Die geschälten und gewürfelten Kartoffeln, darauf das in Würfel geschnittene Fleisch und darüber das Sauerkraut verteilen, Brühe aufgießen, Topf schließen und garen.

3 Zwiebeln, 100 g Fett, 750 g Kartoffeln, 400 g rohen Schink., 750 g Sauerkraut, 1/2 l Würfelbrühe

Garzeit im vitavit Schnellkochtopf: 10 Minuten, bei üblicher Zubereitung: 40 bis 50 Minuten.

2. Auch Eintopfgerichte aus Hülsenfrüchten sind schnell zubereitet

Linsen auf Jägerart

250 g Linsen, ³/₄ l Wasser, 250 g Schinkenspeck, 1 große Zwiebel, 4-5 Kart., 200 g Jägersalami, Salz, Pfeffer, 1 Teel. Senf, ¹/₄ l saure Sahne

Linsen verlesen, einige Stunden einweichen. Speck und Zwiebeln klein schneiden. Kartoffeln schälen und mit der Wurst in Scheiben schneiden. Speck zerlassen, Zwiebeln darin glasig dünsten, Kartoffel- und Wurstscheiben zugeben, unterrühren. Die Linsen mit dem Einweichwasser zugeben, Topf schließen und garen. Nach Garvorgang würzen und mit der sauren Sahne verfeinern.

Garzeit im vitavit Schnellkochtopf: 10 bis 15 Minuten, bei üblicher Zubereitung: 60 bis 90 Minuten.

Kasseler Erbseneintopf

250 g getrock. Erbsen, ³/₄ l Wasser, 100 g fetten Speck, 3 große Zwiebeln, 500 g Sauerkraut, 300 g Kasseler, Salz, Pfeffer, Muskat, 2 Zwiebeln f. Ringe, 50 g Fett zum Rösten

Erbsen verlesen, einige Stunden einweichen. Speck und Zwiebeln klein schneiden. Speck zerlassen, Zwiebeln darin glasig dünsten, Sauerkraut zugeben und Kasseler in mundgerechten Stücken darüber verteilen. Die Erbsen mit dem Einweichwasser zugeben, Topf schließen und garen. Zwiebelringe goldbraun rösten. Erbseneintopf würzen und mit den Zwiebelringen garniert servieren.

Garzeit im vitavit Schnellkochtopf: 10 bis 15 Minuten, bei üblicher Zubereitung: 60 bis 90 Minuten.

Jugoslawische Bohnensuppe

300 g weiße Bohnen, 1 l Wasser, 300 g Schinkenspeck, 4 gr. Zwiebeln, 2 Eßlöffel Tomatenmark, 1 Eßl. Paprika, Salz, Pfeffer, ggf. Brühwürfel

Bohnen einige Stunden einweichen. Einweichwasser abgießen. Speck und Zwiebeln klein schneiden. Speck zerlassen, Zwiebeln darin glasig dünsten, Tomatenmark und Paprika zugeben. Bohnen unterrühren, Wasser auffüllen, Topf schließen und garen. Nach Garvorgang würzen und abschmecken.

Garzeit im vitavit Schnellkochtopf: 30 bis 35 Minuten, bei üblicher Zubereitung: 90 bis 120 Minuten.

Der gute Tip: Wenn die Hülsenfrüchte zuvor 2 Minuten lang aufkochen, dann brauchen sie nur noch 1 Stunde eingeweicht werden.

Reis als Beilage

Daß Reis eine beliebte Beilage ist, weiß jede Hausfrau. In vielen Fällen dient er jedoch auch zur Herstellung von schmackhaften Hauptgerichten. Mit Reisresten oder mit sogenanntem „Minutenreis" lassen sich vorzüglich schnelle Gerichte herstellen, die den Speisezettel abwechslungsreicher gestalten helfen. Damit körnige Reisgerichte gelingen, sollte man schon beim Einkauf, aber auch bei der Zubereitung einige Reis-Weisheiten berücksichtigen:

75 g Reis ist die ungefähre Menge, die pro Person für Reis als Beilage gerechnet wird — das sind etwa 3 Eßlöffel.

50 g Reis wird als Einkochmenge für etwa 1 Liter Suppe genommen — das sind etwa 2 Eßlöffel.

100 g Reis pro Person ist die Menge für ein Reis-Hauptgericht — das ist etwa eine halbe Kaffeetasse.

Langkornreis = geeignet für Reis als Beilage; er ist erkenntlich am glasigen Aussehen, schmal und langkörnig.

Bruchreis = geeignet für Aufläufe und Füllungen; er ist billiger als Langkornreis.

Milchreis = für Suppen und Milchreisgerichte geeignet; er hat kleine milchigweiße Körner, ist auch billiger als Langkornreis.

Obwohl wir jenem Küchenchef von Shanghai nicht nacheifern können, der Reis auf etwa 120 Arten zuzubereiten weiß, wollen wir Sie im nachfolgenden um einige Rezepte bereichern, die je nach eigenem Geschmack beliebig abgewandelt werden können. Wird Reis im vitavit Schnellkochtopf zubereitet, sind die Angaben in der Bedienungsanleitung genau zu beachten. Die Flüssigkeitsmenge ist dabei wesentlich geringer, weil keine Verdampfung stattfindet.

1. Reis als Beilage

Reis heiß waschen und gut abtropfen lassen. Fett zerlassen, Reis darin solange durchschwenken, bis alle Körnchen glänzend sind. Flüssigkeit aufgießen und fertig garen.

30 g Butter/Margarine, 300 g Reis = etwa 1¹/₂ Tassen
3 Tassen heiße Brühe

Garzeit im vitavit Schnellkochtopf: 8 Minuten, bei üblicher Zubereitung: 20 bis 30 Minuten.

2. Reis als Hauptgericht

Risotto (Grundrezept)

Zutaten wie oben und 2—3 Zwiebeln — Zubereitung wie oben beschrieben, aber die klein geschnittene Zwiebel im zerlassenen Fett mitdünsten.

Grundrezept Risotto u. 250 g vorgegartes Geflügelfleisch ggf. Konserve, Muskat, gehackte Petersilie

Geflügelrisotto

Das vorgegarte Geflügelfleisch (ggf. aus Dosen) vorsichtig unter den Reis mengen, evtl. einige grüne Erbsen dazu geben. Mit Muskat abschmecken, Petersilie darüberstreuen.

Grundrezept Risotto u. 250 g Pilze (frisch oder Dose oder 50 getrocknete Pilze), 50 g Butter

Pilzrisotto

Die vorgegarten Pilze, ggf. aus Dosen, unter den Reis heben. Einige Pilze zurückbehalten, in leicht gebräunter Butter durchschwenken und zum Anrichten über den Risotto geben.

Grundrezept Risotto u. 200 g Kalbsleber, 2 Eßl. Mehl, Fett zum Braten, Salz, Pfeffer Apfel- oder Ananasscheiben

Leberrisotto

Leberscheiben in Mehl wälzen, auf beiden Seiten hell bräunen, würzen und kleinwürfelig geschnitten unter den Risotto heben. Mit gedünsteten Apfel- oder Ananasscheiben garniert servieren.

Grundrezept Risotto u. je 100 g gekochten oder Lachsschinken u. beliebigen Schnittkäse Tomatenketchup, geriebener Käse

Schweizer Risotto

Schinken und Käse kleinwürfelig geschnitten unter den Risotto heben. Mit Tomatenketchup und geriebenen Käse reichen.

3. Reis-Restverwertung

60 g Fett*), 2-3 Zwiebeln*), 250 g Schin-

Serbisches Reisfleisch als Blitzgericht

Fett zerlassen, kleingeschnittene Zwiebeln darin glasig

Blumenkohl Mexiko
Blumenkohlschnitten mit Bechamelkartoffeln

dünsten. Würfelig geschnittenes Fleisch, Gürkchen und eingelegte Paprikaschoten zugeben, etwas durchdünsten und mit dem fertigen Reis vorsichtig vermengen und mit Paprika, Pfeffer und Tomatenmark abschmecken. Mit geriebenem Käse bestreut servieren. Evtl. dazu eine Tomatensoße (kochfertig) reichen.

Anmerkung: Auch Bratenreste können würfelig geschnitten verwendet werden.

Zubereitungszeit (ohne Reis): etwa 10 Minuten.

*kenspeck, 250 g gekochter Schinken,
2 kl. Gewürzgurken,
1 rote eingelegte
Paprikaschote
Reisreste oder Minutenreis, Paprika,
Pfeffer, Tomatenketchup, ger. Käse, ggf.
1 P. Tomatensoße,
*) kann wegfallen,
wenn Risottoreste
vorhanden sind*

Italienische Pizza-Reispfanne

Pfanne mit etwas Öl ausstreichen, darauf die Reisreste, darüber die Tomatenscheiben, über diese Käse, Schinken und Speckwürfelchen streuen. Die mit feingeschnittenen Zwiebelstückchen und Gewürzen vermengte Eiermilch darüber gießen. Deckel aufsetzen; bei nicht zu heißer Temperatur garen, bis die Eier gestockt sind. Auf eine Platte stürzen, mit Petersilie bestreuen und mit Salaten reichen.

Garzeit (ohne Reis): etwa 10 bis 15 Minuten.

*3-4 Eßl. Öl, Reisreste,
4 große Tomaten,
150 g Käse (Schnitt)
200 g gek. Schinken,
150 g Schinkenspeck,
3 Eier, 1/8 l Milch
Salz, Muskat,
1 kleine Zwiebel,
Petersilie*

Feine Reisbratlinge

Alle Zutaten wie bei Fleischbratlingen mischen, kleine Bratlinge formen, in Semmelbrösel wälzen, in heißem Fett oder Öl goldbraun ausbacken und mit Salat reichen.

Abwandlung: An Stelle von Hackfleisch können Dosenchampignons, grüne Erbsen, Wurst- oder Schinkenreste verwendet werden.

Bratzeit: etwa 10 bis 15 Minuten.

*Reisreste, 1 klein
geschnittene Zwiebel,
50 g Schinkenspeck,
200 g Hackfleisch,
Salz, Pfeffer,
Mayoran, 2 Eier,
Semmelbröseln*

Kartoffel-Tips

K a r t o f f e l n sind stets begehrt — gefragt — beliebt! Vielseitige Verwendungsmöglichkeit, Preiswürdigkeit und nicht zuletzt der hohe Gehalt an Nähr- und Ergänzungsstoffen, das alles sind Gründe, weshalb die Kartoffel nach wie vor zum beliebtesten Volksnahrungsmittel gehört. Viele Kartoffelgerichte waren lange Zeit ohne zeitraubende Vorarbeiten wie Schälen, Reiben, Schneiden usw. nicht zuzubereiten. Erst in unserer Zeit hat sich das geändert. Viele brave Heinzelmännchen arbeiten für die Hausfrau in modernen Fabriken. Dadurch kann im Nu ein lockerer, luftiger Kartoffelbrei bereitet werden; und niemand braucht bei seinem Speisefahrplan auf die geliebten Kartoffelklöße aus rohen oder gekochten Kartoffeln zu verzichten, weil die Zeit dazu fehlte. Ebenso sind knusprige, goldbraun gebackene Pommes frites im Nu servierbereit. Die Nahrungsmittel- und Tiefkühlindustrie liefert alles vorgefertigt und nimmt uns diese zeitraubenden Arbeiten ab.

Die gesündeste Art, Pell- und Salzkartoffeln zu garen, ist das Dämpfen. Im vitavit Schnellkochtopf sind bereits in 7 bis 8 Minuten herrlich zarte, mehlige Kartoffeln im Dampf gegart — schneller geht's wirklich nicht.

Diese Hinweise auf die vielen Möglichkeiten für *schnelle* Kartoffelgerichte mögen genügen und wir wollen auf Kartoffelkochrezepte hier verzichten. Stattdessen bringen wir allgemein Wissenswertes zum Thema Kartoffel.

Neue Kartoffeln mit der Schale garen, am besten dämpfen; das ist die gesündeste Zubereitung.

Geschälte Kartoffeln nie lange im Wasser liegen lassen; sie werden sonst zu sehr ausgelaugt.

Kartoffeln nie zu kalt lagern; sie sind frostempfindlich.

Bereits gefrorene Kartoffeln vor dem Schälen etwa ½ Stunde in lauwarmes Essigwasser legen.

Fertige Salzkartoffeln im offenen, mit einem Tuch abgedeckten Topf abdampfen lassen, bevor sie mit Petersilie bestreut serviert werden; das macht die Kartoffeln schön trocken und mehlig.

Pellkartoffeln lassen sich besser schälen, wenn dem Wasser Salz zugefügt wurde und sie nach dem Garvorgang mit kaltem Wasser kurz abgeschreckt werden.

Pommes frites, tiefgekühlt können sie unaufgetaut in erhitztem Öl oder Plattenfett ausgebacken werden (Vorsicht — schäumt).

Klöße — Knödel — Teigwaren

Was bei den Kartoffeln gilt, ist auch hier anzuwenden. Man kann sich die zeitraubenden Vorarbeiten für die Zubereitung von rohen oder gekochten, ja sogar von gemischten Kartoffelklößen (Knödeln) ersparen. Solche Klöße gibt es in vorzüglicher Qualität sowohl als Fertigprodukt wie als fertige Klöße in Tiefkühlpackungen. Die Zubereitung ist also sehr bequem und wir brauchen gar nichts darüber zu schreiben; die genauen Angaben sind den Packungen beigegeben.

Um diese beliebte Beilage noch abwechslungsreicher zu gestalten, bringen wir einige Rezepte für Knödel und Klöße, deren Zubereitung so einfach und kurz ist, daß sie vollkommen dem Motto des Büchleins *Schnelles Kochen* entsprechen. **Teigwaren** gehören ebenfalls mit zu den *schnellen* Beilagen. In den seltensten Fällen wird eine Hausfrau Teigwaren noch selbst herstellen, allenfalls im südlichen Deutschland. Sie sind in bester Qualität und in jeder wünschenswerten Form im Handel.

Zu beachten ist, daß alle Arten von Teigwaren in reichlich Salzwasser gekocht werden müssen. Bei Zubereitung im vitavit Schnellkochtopf die Teigwaren in kochendes Wasser geben, umrühren und einige Male aufwellen lassen. Dann den Topf schließen, der höchstens bis zu ⅔ gefüllt sein soll. Teigwaren sehen noch appetitlicher aus, wenn sie nach dem Kochen in etwa 1 Eßlöffel Öl geschwenkt werden (aber vorher gut abtropfen lassen). Teigwaren werden auch gern für Auflaufgerichte im Backofen gewählt. Wie sie schneller zubereitet werden können, zeigen wir mit den Rezeptbeispielen. Alle Rezepte können auch Anregung sein für beliebige Abwandlungen. Pro Person rechnet man etwa 100 g Teigwaren.

Allerlei Rezepte

Käseknödel/Klöße

Käse grob raspeln. stocki-Knödel in ¹/₂ l kaltes Wasser einrühren. Käse und Eigelb dazurühren, 10 Minuten quellen lassen. Inzwischen Brötchen in Würfel schneiden und mit etwas Butter rösten. Aus dem Teig 8 Knödel formen und in die Mitte die gerösteten Semmelwürfelchen eindrücken. Knödel in kochendes Salzwasser geben, einmal aufkochen, 20 Minuten bei milder Temperatur ziehen lassen.

125 g Emmentaler Käse im Stück, 1 P. stocki-Knödel, ¹/₂ l kaltes Wasser, 1 Brötchen/Semmel, Butter zum Rösten, Salzwasser
Als Beilage zu Braten, besonders zu Rezept Hackfleischpfanne Seite 74

53

Kräuterklöße

1 P. stocki rohe Klöße,
¹/₂ l kaltes Wasser,
3 Eßl. Kräuter, z. B.
Petersilie, Schnitt-
lauch, Mayoran, Mus-
kat, Salz, Salzwasser

stocki rohe Klöße in kaltes Wasser einrühren. Kräuter, Mayoran, Muskat und Salz dazugeben und 10 Minuten quellen lassen. Aus dem Teig 8 Klöße formen, in siedendes Salzwasser geben, einmal aufkochen, 20 Minuten bei milder Temperatur ziehen lassen. Als Beilage zu Braten.

Krautklöße

1 P. stocki rohe Klöße,
¹/₂ l Wasser,
60 g Schinkenspeck,
100 g Sauerkraut,
Salzwasser
Diese Klöße schmek-
ken vorzüglich zu
Schweinebraten

stocki rohe Klöße in kaltes Wasser einstreuen und 10 Minuten quellen lassen. Speck in kleine Würfel schneiden und in der Pfanne auslassen. Sauerkraut dazugeben und etwas andünsten. Aus dem Teig 8 Klöße formen, in kochendes Salzwasser geben, einmal aufkochen und bei schwacher Hitze ziehen lassen.

Semmelklöße — Knödel nach Wiener Art

6 Semmeln altbacken,
60 g Butter, 60 g
Mehl, Salz, Muskat,
4 Eier, ¹/₈-¹/₄ l Milch,
reichlich Salzwasser,
Petersilie zum Be-
treuen. Als Beilage
für alle Braten.

Die in kleine Würfel geschnittenen Semmeln mit heißer, leicht gebräunter Butter übergießen. Übrige Zutaten zu einem Brei verrühren und mit den Semmelwürfelchen gut vermengen. Hände in kaltes Wasser tauchen, aus der Knödelmasse runde Klöße formen. In kochendes Salzwasser einlegen und fertig garen!

Garzeit: im vitavit Schnellkochtopf 3 bis 4 Minuten, bei üblicher Zubereitung: 10 bis 15 Minuten.

Semmel-Schinkenknödel nach Tiroler Art

50 g Fett, 2 große
Zwiebeln, 250 g
Schinkenspeck, 6 Sem-
meln, altbacken, 60 g
Mehl, Salz, Muskat,
4 Eier, ¹/₈-¹/₄ l Milch

Fett zerlassen, die kleingeschnittenen Zwiebeln darin glasig dünsten, den würfelig geschnittenen Schinkenspeck zugeben und etwas auslassen, die kleinen Semmelwürfelchen daruntermischen und durchziehen lassen. Aus den übrigen Zutaten Teig herstellen und mit der Masse vermischen. Weiteres wie oben beschrieben.

Garzeit: siehe oben. Mit ausgelassenen Speckwürfelchen bestreut zu Sauerkraut servieren.

Wer Zeit hat, kann mit der angegebenen Fettmenge die Semmelwürfelchen rösten; der Geschmack der Klöße wird dann noch besser. Im übrigen gibt es schon fertig gewürfelte Semmel zu kaufen, die man auch im Backofen goldbraun rösten kann.

Semmelknödel auf Bayerische Art

In Scheiben geschnittene Semmeln mit Eiermilch über- *Knödelbrot aus 10* gießen (Eiermilch vorher mit ¹/₄ l Milch herstellen). Gut *Semmeln, Eiermilch* durcharbeiten und im Bedarfsfalle noch Milch zugeben *aus 3-4 Eiern, Salz,* (Semmelmasse darf nicht zu feucht sein). Wenn ge- *Muskat, ¹/₄-¹/₂ l* wünscht, ¹/₂ kleingeschnittene glasig gedünstete Zwiebel *Milch, ggf. ¹/₂ Zwie-* untermengen. Das Weitere, auch Garzeit, wie oben be- *bel, 30 g Fett* schrieben.

Nudeln à la Italiano

Nudeln, am besten Spaghetti, kochen, abseihen, abtrop- *400 g Teigwaren,* fen und mit einem Eßlöffel Öl untermengen. Die klein- *1 Eßl. Öl, 2 große* geschnittenen Zwiebeln im zerlassenen Fett glasig dün- *Zwiebeln, 100 g Fett* sten. Alle übrigen Zutaten zugeben, etwas durchdünsten *(zerlassener Schinken-* und mit den Teigwaren vermischen. Inzwischen Toma- *speck), das Innere* tensoße (kochfertige Packung) zubereiten. Butter leicht *von 4 Bratwürsten* bräunen, Paprika darin aufschäumen lassen und in die *und das Innere von* Tomatensoße einrühren, nicht mehr aufkochen. Die *2-3 Krakauern, Salz,* Tomatensoße über die Nudeln gießen, darüber geriebe- *Paprika, Pfeffer,* nen Käse anrichten (in Italien ist es Parmesan). *1 ger. Zehe Knob-*

Garzeit: Nudeln je nach Sorte im vitavit Schnellkoch- *lauch, 1 P. Tomaten-* topf 3 bis 5 Minuten; bei üblicher Zubereitung 15 bis *soße, 50 g Butter,* 25 Minuten; Fleisch-Zwiebelmasse etwa 10 Minuten. *2 Teel. Paprika, 100 g* *gerieb. Käse. Dazu* *grünen und Tomaten-* *salat reichen*

Nudelauflaufgerichte in der Pfanne zubereitet

Beliebige Nudelsorte kochen, abseihen und abtropfen *400 g Teigwaren,* lassen. Die jeweiligen Zutaten kleinwürfelig (Tomaten, *Nachfolgende Zuta-* Pilze in Scheiben geschnitten) mit den Nudeln vermengen *ten sind Vorschläge* und in die ausgefettete Bratpfanne geben. Eiermilch zube- *zur Wahl: je 200 g* reiten, über die Nudelmasse verteilen, Deckel auf die *Schinken, Käse, To-* *maten, 500 g Pilze*

aus Dosen, 500 g | Pfanne setzen und bei milder Temperatur backen, bis die
Quark, abgeriebene | Eier gestockt sind. Würzen jeweils nach Art. Bestreut
Zitronenschale, 100 g | mit Käse zu Salaten reichen.
Zucker, Rosinen oder | **Garzeiten** für Nudeln: siehe oben.
Früchte, Eiermilch | In der Pfanne etwa 15 Minuten.
aus: Salz, 3 Eiern,
⅛ l Milch

Übrigens lassen sich aus Nudelresten sehr gut Salate bereiten. Als Zutaten eignen sich hartgekochte Eier, Gürkchen, Zwiebeln, Tomaten, Wurst und Mayonnaisen. Haben Sie schon die fertigen Eier Ravioli mit pikanter Fleischsoße ausprobiert? Mit geriebenem Käse und Salaten gereicht, ist es eine willkommene Mahlzeit für Jung und Alt.

Kleine Eierfibel

Zeiten für gekochte Eier, kalt angesetzt:

weiche Eier: 3 bis 4 Minuten, **halbweiche Eier:** 4 bis 5 Minuten, **harte Eier:** 5 bis 6 Minuten, **Ostereier:** 8 bis 10 Minuten.
Gekochte Eier: kalt abschrecken und unter fließendem Wasser schälen.
Gesprungene Eier: in nasses Pergamentpapier oder Klarsichtfolie (auch Alufolie) wickeln und dann kochen.
Verlorene Eier: einzeln in eine Tasse oder Schöpfkelle schlagen und in kochendes Salzwasser gleiten lassen, bei dem ein Schuß Essig den Geschmack verfeinert.
Spiegeleier: Die Eier vorsichtig nebeneinander in das erhitzte Fett oder etwas ausgelassenen Speck gleiten lassen und etwa 5 Minuten braten. Mit Salz, Pfeffer und Paprika bestreut servieren.
Diätspiegeleier:
Methode 1: Eier auf einen Teller schlagen, und über Dampf garen.
Methode 2: Eier ohne Fett in eine Pfanne mit Antikleb-Schicht schlagen und bei milder Temperatur garen.
Rührei: die mit Milch und Gewürzen verschlagenen Eier in das erhitzte Fett geben. Während des Garens mit einer Gabel (bei Pfannen mit Antikleb-Schicht mit einem Holzspachtel) das gestockte Ei strichweise vom Boden der Pfanne lösen. Das gut gelungene Rührei soll weich und großflockig sein.

Diätrührei: wie bei Spiegelei angegeben mit Methode 1 und 2. Während des Garvorganges das gestockte Ei mit Gabel oder Holzspachtel strichweise vom Boden des Tellers bzw. der Fissler Schnellspülpfanne lösen und wenden.

Blasses Eigelb: mit Salz bestreuen und etwa 15 Minuten stehen lassen; das Eigelb erhält dadurch eine kräftige Farbe.

Eigelbreste: ebenfalls mit etwas Salz bestreuen, mit einigen Tropfen kaltem Wasser beträufeln und abgedeckt in Kühlschrank stellen. So trocknen die Eigelbreste nicht aus.

Eischnee: gelingt schneller und besser, wenn vor dem Schlagen einige Tropfen Zitronensaft zugegeben werden. Eischnee bleibt zartflockig, wenn er vorsichtig unter das betreffende Gericht gezogen und nicht untergerührt wird.

Eigelb zum Legieren: kalt anrühren, niemals kochen.

Eier springen nicht beim Kochen, wenn sie mit einer Nadel angestochen werden. Oder einfach Salz ins Kochwasser geben.

Pfannkuchen · Omeletts

Eierpfannkuchen (Grundrezept für einfachen Teig)

In das Mehl-Backpulvergemisch alle Zutaten nach und nach einrühren und gut durchschlagen. Aus dieser Teigmasse etwa 12 bis 14 dünne Pfannkuchen auf beiden Seiten goldbraun ausbacken und beliebig füllen! Anregungen dafür auf der folgenden Seite.

250 g Mehl, Salz, 1/2 Teel. Backpulver, 4 Eier, 1/2 l Milch, Fett zum Ausbacken z. B. Keimöl

Eierpfannkuchen zart und locker

Mehl, Stärkemehl, Eigelb, Selterswasser und Salz sehr gut verrühren. Eiweiß und Zitronensaft zu steifem Schnee schlagen und vorsichtig mit der Teigmasse unterheben. In schneller Folge etwa 8—10 nicht zu dünne Pfannkuchen ausbacken, beliebig füllen!

100 g Mehl, 50 g Stärkemehl z. B. Mondamin, Salz, 3/8 l Selterswasser, 4 Eigelb, 4 Eiweiß, 1 Teel. Zitronensaft

Bei Obstpfannkuchen kann man das Obst gleich in den Teig geben. Bei den obigen Rezepten verringert man dann lediglich die Flüssigkeit um etwa 1/8 l.

Geeignetes Obst: Beeren- oder Steinobst entkernt in Scheiben geschnitten.

Alle Pfannkuchen, besonders die mit Obst, lassen sich wunderbar in der Fissler brat-best und Fissler bratfein novogrill herstellen. Sie sind schnell ausgebacken, und noch schneller ist die Pfanne wieder sauber!

Omelett (für 1 Person)

2-3 Eier, Salz, 1 Eßl. Wasser (bei süßem Omelett 1 Teel. Zukker), 30 g Butter od. Keimöl, Puderzucker zum Bestäuben oder gehackte Petersilie bei salzigen Omeletts

Eier, Salz und Milch gut versprudeln, in das erhitzte Fett geben (Deckel auf die Pfanne setzen, wenn z. B. Tomatenscheiben, Käse oder ein anderer kompakter Belag auf das schon etwas gestockte Omelett gegeben wird).
Omeletts werden nur einseitig bei milder Temperatur gebacken.
Die Unterseite soll hellbraun, die Oberseite hell aber trocken sein. Das fertige Omelett zusammenklappen und vorsichtig auf vorgewärmten Teller gleiten lassen. Süße Omeletts mit Puderzucker bestäuben.

Füllungen zur Wahl für Pfannkuchen und Omeletts

1. süße Füllungen

Quarkfüllung: Quark, Zucker, abger. Zitronenschale, Ei, Obst.
Nußfüllung: geriebene Nüsse, Zucker, Wasser, ggf. 1 Schuß Rum.
Kompotte: beliebig abgetropft dazu reichen oder als Füllung.
Konfitüre, Gelee, Marmeladen.
Schlagsahne mit Beeren: wie Erd-, Himbeer- oder Heidelbeeren.
Zucker, Zimt und braune Butter: innen und oben.

2. salzige Füllungen

Spargelstangen: vorgedünstet oder aus der Dose, auch eingewickelt in Schinkenscheiben.
Spinat: schnell zubereitet aus Tiefkühlpackungen.
Leipziger Allerlei: aus Dose oder im vitavit Schnellkochtopf gegart.
Gehackter Schinken: vermischt mit Champignonkäse.
Gedünstete oder gebratene Pilze.
Zerlassene Speckwürfelchen ggf. mit Zwiebelwürfelchen.
Tomatenscheiben: bestreut mit Käse und Schinkenwürfelchen.

Anwendung:

Eierpfannkuchen mit der Füllung belegen, dann aufrollen; bei **Omelett** Füllmasse auf eine Hälfte des Omeletts geben, dann zusammenklappen und vorsichtig auf vorgewärmte Platte gleiten lassen.

Schweinebraten
Rezept siehe Seite 70

Schaumomelett, süß mit Kompott, pikant mit Salaten

Eiweiß zu schnittfestem Schnee schlagen, Salz und Zitronensaft darunterschlagen. Eigelb mit abgeriebener Zitronenschale und 1 Eßl. Zucker Rum gut verrühren, über den Eischnee geben und ganz vorsichtig unterheben. Öl in der Pfanne erhitzen, Masse einfüllen. Deckel aufsetzen und darauf achten, daß der Entlüftungsschieber 1 mm breit geöffnet ist.

3 Eiweiß, 1 Prise Salz, 2 Teel. Zitronensaft, 3 Eigelb, abger. Zitr.-schale, 1 Eßl. Rum, Keimöl zum Backen

Abwandlung:

Bei **milder** Temperatur etwa 20 bis 25 Minuten backen. Delikat schmeckt es, wenn man unter die Masse zum Schluß gehackte Schokolade und gemahlene Nüsse mischt, das schmeckt vor allem Kindern gut. Für Männer ist eine herzhafte Abwandlung, statt des Rums und ohne Zucker gehackten Käse und gehackten Schinken darunterzumischen. Dazu viele Salate.

Süßspeisen

Auch Schleckermäulchen sollen nicht zu kurz kommen. Deshalb folgen nun einige Rezepte für leicht bekömmliche und schnell herzustellende Süßspeisen.

„Charlotte russe"

Sauerkirschen auf vier Gläser verteilen, mit Rum oder Cognac beträufeln. Löffelbiskuits halbieren und jeweils an den Glasrand stellen. Nach Anweisung Quick-Dessert zubereiten, die steifgeschlagene Sahne unterziehen, Creme über die Kirschen geben. Dessert mit Kirschen und Borkenschokolade verzieren. Gut gekühlt servieren.

5 Eßl. Sauerkirschen, 2 Teel. Rum oder Cognac, 1 P. Löffelbiskuit, 1/2 l Milch, 1 P. Quick-Dessert Vanille, 1/8 l Sahne, Borkenschokolade

Indian-Becher

Nach Anweisung Quick-Dessert zubereiten. Steifgeschlagene Sahne unterheben und abwechselnd mit den Suppenmakronen in vier Gläser einfüllen. Mit den restlichen Makronen verzieren. Zum Schluß Likör übergießen. Gut gekühlt servieren.

1/2 l Milch, 1 P. Quick-Dessert Vanille, 1/8 l Sahne, 1 P. Suppenmakronen, 4 Eßl. Johannisbeer-Likör

Manhatten-Color

¹/₂ l Milch, 1 P. Quick-Dessert Schokolade, ¹/₄ l Sahne, 2 Eßl. Kirschwasser, Borkenschokolade

Nach Anweisung Quick-Dessert zubereiten, die Hälfte der steifgeschlagenen Sahne unterheben. In vier Gläser füllen. Mit Kirschwasser beträufeln. Jeweils Glas mit der restlichen Sahne verzieren und mit Borkenschokolade spicken.

Coupe Espagnola

¹/₈ l Sahne, ¹/₄ l Wasser, 1 P. Quick-Dessert Himbeer, 100 g kl. Baiser, 3 Teel. Cognac

Quick-Dessert nach Anweisung zubereiten und in vier Gläser einfüllen. Mit Baisers verzieren und mit Cognac beträufeln.

Schweizer Coupe

1 P. gezuckerte tiefgefrorene Himbeeren (300 g), 4 Teel. Himbeergeist, ¹/₈ l Sahne, ¹/₄ l Wasser, 1 P. Quick-Dessert Himbeer

Aufgetaute und abgetropfte Himbeeren auf vier Gläser verteilen. Mit Himbeergeist beträufeln. Nach Anweisung Quick-Dessert zubereiten und über die Himbeeren füllen. Das Dessert mit Himbeeren verzieren und gut gekühlt servieren.

Coupe Aphrodite

¹/₄ l Wasser, 1 Eiweiß, 1 P. Quick-Dessert Heidelbeer, 1 Eigelb, 1 P. Orangenplätzchen

Quick-Dessert nach Anweisung zubereiten. Abwechselnd mit den Orangenplätzchen in vier Gläser einfüllen. Mit Orangenplätzchen verzieren und gut gekühlt servieren.

Schwedenbecher

¹/₄ l Wasser, 1 Eiweiß, 1 P. Quick-Dessert Heidelbeeren, 1 Eigelb, ¹/₈ l Sahne, Borkenschokolade

Quick-Dessert nach Anweisung zubereiten und in vier Gläser füllen. In jedes Glas einen Berg steifgeschlagene Sahne geben und mit Borkenschokolade spicken. Gut gekühlt servieren.

Türkenbecher

¹/₂ l Milch, 1 P. Quick-Dessert Schokolade,

Nach Anweisung Quick-Dessert zubereiten und die steifgeschlagene Sahne sowie einen gestrichenen Eßlöffel Kaffee-Extrakt in Pulverform unterheben. In vier Gläser füllen und auf die Speise Eierlikör geben. Gut gekühlt servieren.

1 gestr. Eßl. Kaffee-Extrakt in Pulverform, Eierlikör

Schwarzwaldbecher

in vier Gläser je 4 Sauerkirschen geben und mit Schwarzwälder Kirschwasser beträufeln. Darüber je 1 Teelöffel geschlagene Sahne, darüber einige Schokoladenbiskuitplätzchen. Über die Plätzchen je 1 Eßl. Schokoladen-Eierlikör. Mit Schlagsahne verzieren und mit geraspelter Schokolade bestreuen.

16 entkernte Sauerkirschen, Schwarzwälder Kirschwasser, 1/4 l Schlagsahne, 1 Eßl. Zucker, 1 P. Schokoladenbiskuitplätzchen, 4 Eßl. Schokoladeneierlikör, restl. Sahne und geraspelte Schokolade

Quarkflammeri

Quark, abgeriebene Zitronenschale und Zitronensaft verrühren. Mondamin und Eigelb in genügend kalter Milch anrühren. Restliche Milch und Zucker zum Kochen bringen. Angerührtes Mondamin unter Rühren hineingeben und kurz kochen lassen. Den heißen Flammeri unter den steifen Eischnee schlagen und mit der Quarkmasse vermischen. Quarkflammeri in eine mit kaltem Wasser ausgespülte Schale oder Sturzform füllen, erkalten lassen und stürzen. Die Früchte ggf. eingezuckert um den Flammeri herum anrichten.

125 g Speisequark, Schale von halber Zitrone, 2 Eßl. Zitronensaft, 5 gestr. Eßl. Mondamin, 1 Eigelb, 1/2 l Milch, 5 gestr. Eßl. Zucker, 1 Eiweiß, 375-500 g Obst nach Wahl (frisch, tiefgefroren, gedünstet)

Bozener Marktpotpourri

Mondamin in genügend kalter Milch anrühren. Restliche Milch, Zucker, Vanilleschote und ausgeschabtes Vanillemark zum Kochen bringen. Angerührtes Mondamin unter Rühren in kochende Flüssigkeit gießen, kurz aufkochen lassen und die Vanilleschote herausnehmen. Flammeri in eine mit kaltem Wasser ausgespülte Schale füllen, erkalten lassen und auf einem großen Teller stürzen. Vorbereitetes Obst eventuell zerkleinern, mit Zitronensaft, Rum oder Weinbrand abschmecken und über den Flammeri geben.

5 gestr. Eßl. Mondamin, 1/2 l Milch, 3 gestr. Eßl. Zucker, 1/2 Vanilleschote, etwa 500 g beliebiges Obst, 2 Eßl. Zitronensaft, Zucker nach Geschmack, ggf. Rum oder Weinbrand 2-3 Eßl.

Früchtebecher Kopenhagen

400 g Sauerkirschen, Schale von ¹/₂ Zitr., Wasser, Zucker nach Bedarf, 2 Eßl. Zitronensaft, 5 gestr. Eßl. Mondamin, 1 Sahne Joghurt, 1 Eßl. Zitr.-saft, 2 Eßl. Zucker

Sauerkirschen und Zitronenschale in wenig Wasser dünsten, auf Sieb abtropfen lassen. Zitronenschale entfernen. Fruchtsaft mit Wasser zu ¹/₂ l ergänzen. Zucker und Zitronensaft zugeben, zum Kochen bringen. Kalt angerührtes Mondamin zugeben, unter Rühren kurz aufkochen lassen und die Kirschen zugeben. Die Spiese in Gläser füllen und erkalten lassen. Joghurt mit Zitronensaft und Zucker schlagen und über die Früchte geben.

Nun lassen wir einige besonders gesunde, auch für Diät geeignete Rezepte folgen.

Bananenquarkcreme

1-2 Bananen, 1 Zitr., Zucker/Traubenzucker nach Bedarf, etwa 1 Eßl., 250 g Quark, 1 Banane in Scheiben, 1 Teel. Himbeersaft

Bananen mit der Gabel zerdrücken, etwas abgeriebene Zitronenschale auch Saft von einer Zitrone sowie Zucker (noch besser Traubenzucker) mit dem Quark gut schaumig rühren! In Schälchen mit Bananenscheiben verziert anrichten, mit Himbeersaft beträufeln.

Schokoladenquarkcreme ›Konstantinopel‹

1 P. Kuverture etwa 50 g, 50 g Mandeln/Nüsse, 250 g Quark, ¹/₈ l Sahne, Zucker nach Bedarf, 50 g kandierte Früchte, von Mandeln und Früchten zum Verzieren etwas zurückbehalten

Kuverture im Wasserbad erweichen, Mandeln oder Nüsse hacken und etwas rösten. Quark mit Sahne verrühren, erweichte Kuverture zugeben, alle übrigen Zutaten kleingeschnitten oder gehackt drunter heben, kräftig verrühren und in Schälchen oder Gläser füllen. Mit zurückbehaltenen Mandeln und kandierten Früchten verzieren.

Florida Turm

1 Dose Ananas, etwas Cognac, 250 g Quark, Saft von Ananas, ggf. 1 Eßl. Traubenzucker 1 P. Löffelbiskuit

Ananasscheiben abtropfen lassen und mit Cognac beträufeln. Den Ananassaft mit Quark und Traubenzucker gut schaumig rühren. In Schälchen halbierte Löffelbisquit ordnen, darauf eine Ananasscheibe geben, darüber Quarkcreme füllen, darauf die zweite Ananasscheibe, als Spitze den Rest der Quarkcreme. Restlichen Löffelbiskuits als Turmspitze in die Quarkcreme drücken und dazwischen je ein Viertelchen Ananasscheibe.

Anmerkung: Benötigte Löffelbiskuits abzählen, restliche Löffelbiskuit mit der Quarkcreme verrühren

Für eine Leberdiät lassen sich diese Quarkcremespeisen sehr gut abwandeln. Natürlich darf man in dem Fall immer **nur** Magerquark verwenden und muß an Stelle von Sahne Milch dazugeben.

Fleisch

Fleisch und alles, was man darüber wissen soll!

Es wird mit Recht ein guter Braten   *und daß man ihn gehörig mache*
gerechnet zu den guten Taten   *ist weibliche Charaktersache. Wilhelm Busch*

Schon Wilhelm Busch hat also erkannt, daß das Gelingen eines saftigen Bratens zu den Talenten einer guten Hausfrau gehört. Bereits die Wahl des Fleisches setzt eine gewisse Kenntnis voraus, und ist für die Güte und Qualität des Bratens mitbestimmend. Ebenso spielt Wirtschaftlichkeit beim Kauf des Fleisches eine große Rolle. Auch viele preisgünstige Fleischsorten können zu vorzüglichen Gerichten verarbeitet werden.

Zum **schnellen Kochen** gehört auch das **schnelle Einkaufen!** Damit Sie von vornherein wissen, welches Fleisch Sie wählen wollen, orientieren Sie sich auf den Tabellen für Rind-, Kalb- und Schweinefleisch über die einzelnen Stücke; wir haben sie eingeteilt in Qualitäts- und Anwendungsbereiche. **Schnell und gut** sollen Ihre Fleischgerichte werden. Daher wählen wir Braten- und Schmorrezepte, die an und für sich eine längere Garzeit beanspruchen, für die Zubereitung in Schnellkochtöpfen oder in Schnellbratpfannen, bringen außerdem aber viele Pfannengerichte oder Rezepte für sogenanntes Kurzgebratenes, womit Sie immer Freude bereiten können. Auch das hat schon Wilhelm Busch erkannt, wenn er sagt:

Denn Spargel, Schinken, Koteletts
sind doch mitunter etwas Nett's!

Das Rind

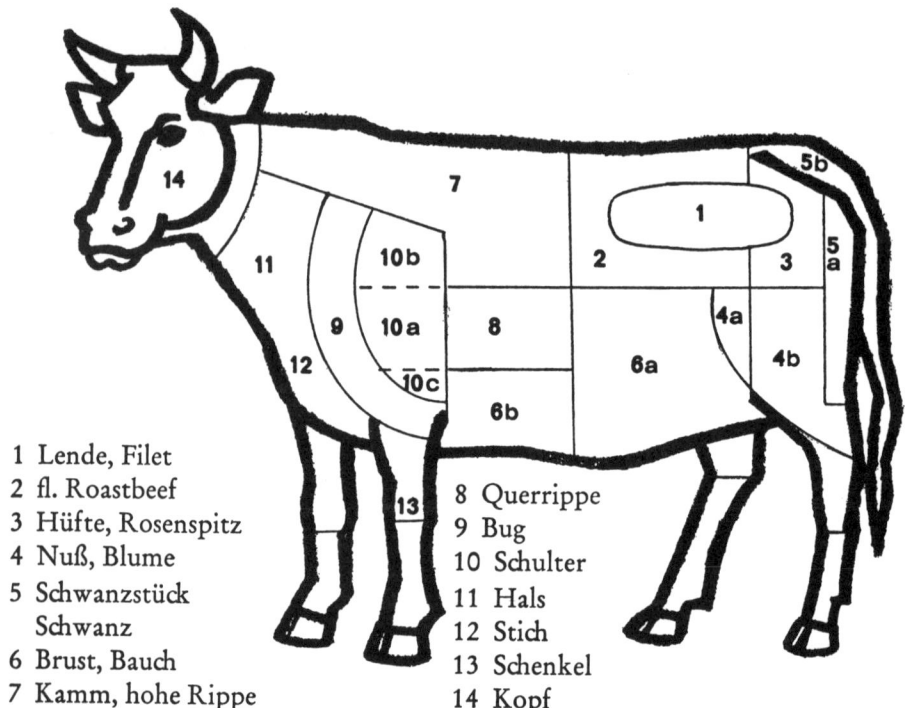

1 Lende, Filet
2 fl. Roastbeef
3 Hüfte, Rosenspitz
4 Nuß, Blume
5 Schwanzstück
  Schwanz
6 Brust, Bauch
7 Kamm, hohe Rippe

8 Querrippe
9 Bug
10 Schulter
11 Hals
12 Stich
13 Schenkel
14 Kopf

Fleischsorten aufgeteilt in Qualitätsbegriffe und Anwendungsbereiche

| Anwendungsbereich | Qualitätsbegriffe | | |
	A	B	C und Innereien
Zum Kochen	Filet, Lende	Querrippe	Schwanz, Kopf
Zum Braten	Roastbeef	Blume, Nuß	Schenkel und
Zum Schmoren	Hüfte	Schwanz, Brust	Innereien
Für Kurzgebratenes	Lende, Filet	Bauch, Schulter	Euter
Zum Grillen	Roastbeef	Nacken, Stich,	Leber, Nieren
		Querrippe, Bug	Leber, Nieren
		Hals, Hohe Rippe	Herz, Euter
			Leber
			Nieren

Das Kalb

1 Filet, Lende	4 Schulter, Blatt, Bug	8 Bauch
2 Kotelett, Rücken	5 Brustspitz	9 Haxen
Nierenstück	6 Schlegel, Keule	10 Kopf
3 Nacken, Hohe Rippe	7 Nuß	

Fleischsorten aufgeteilt in Qualitätsbegriffe und Anwendungsbereiche

| Anwendungsbereich | Qualitätsbegriffe | | |
	A	B	C und Innereien
Zum Kochen	Filet, Lende	Haxen	Füße, Schwanz
zum Braten	Rücken	Hohe Rippe, Keule	Zunge, Leber*
Zum Schmoren	Nierenstück	Nuß, Schlegel	Nieren, Leber
Für Kurzgebratenes	Filet, Lende	Blatt, Schulter	Herz, Hirn, Zunge
Zum Grillen	Rücken	Kopf, Brustspitz	Füße, Schwanz
	Nierenstück		Nieren, Leber
	Filet, Lende		Herz, Hirn, Zunge
	Rücken		Füße Schwanz
	Nierenstück		Stelzen
			Nieren, Leber
			Herz, Hirn

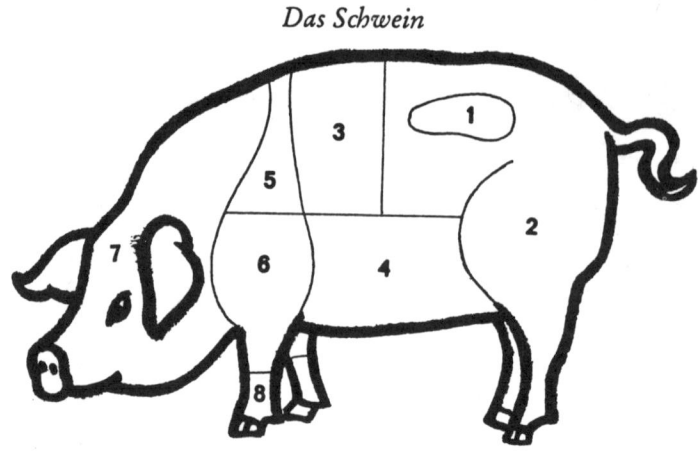

1 Filet, Lende
2 Schinken, Schlegel
3 Kotelett, Rücken
4 Wamme, Brust, Bauch

5 Nacken, Hals, Kamm
6 Bug, Schulter,
   Vorderschinken, Vorderkeule
7 Kopf, Ohren, Schnauze
8 Haxen, Stelzen, Eisbein

Fleischsorten aufgeteilt in Qualitätsbegriffe und Anwendungsbereiche

Anwendungsbereich	Qualitätsbegriffe		
	A	B	
Zum Kochen	Filet, Lende	Schinken	Brust, Bauch Füße, Kopf
Zum Braten	Filet, Lende	Rücken, Bug	Waden, Leber
Zum Schmoren	Filet, Lende	Nackenstück	Lunge
Für Kurzgebratenes		Kotelett, Hals	Brust, Bauch
Zum Grillen		Kamm, Schulter	Wamme, Leber
		Vorderschinken	Nieren, Herz
			Hirn
			Brust, Bauch
			Wamme, Leber
			Nieren, Herz
			Hirn
			Leber, Nieren
			Füße, Stelzen

Zubereitung von Braten in vitavit Schnellkochtöpfen oder Schnellbratpfannen

Braten benötigen bei üblicher Zubereitung längere Garzeiten; sie entsprechen damit nicht ganz dem Motto unseres Büchleins. Andererseits sind sie von unserem Speisezettel nicht wegzudenken. Deshalb soll hier die Zubereitung von **Schnellen Braten** in vitavit Schnellkochtöpfen erklärt werden, wobei wie immer beide Garzeiten angegeben sind. Das Braten in Schnellkochtöpfen hat außerdem einen weiteren Vorteil: es können in einem Kochvorgang, d. h. im gleichen Topf, zugleich die Beilagen, Kartoffeln, Gemüse vorzüglich mitgegart werden. Die Nahrungsmittel mit kürzeren Garzeiten dürfen dabei erst nachträglich zugegeben werden; das ist aber in der Bedienungsanleitung für den vitavit Schnellkochtopf genau erklärt.

Nun zu den Anregungen für die Zubereitung von **Schnellen Braten:** Fleisch wie üblich vorbereiten, im erhitzten Fett von allen Seiten kräftig anbräunen, etwas Flüssigkeit aufgießen, Zutaten je nach Rezept zugeben, Topf schließen und garen nach Vorschrift (Garzeiten einhalten, auf diese Weise erhalten Sie saftiges, schmackhaftes, gesundes Fleisch). Soll die Kruste knusprig sein, wird das Fleisch knapp vor dem Servieren mit kaltem Salzwasser bestrichen, und einige Minuten in den Grill oder bei starker Oberhitze in den Backofen gegeben. Wer erst einmal einen Fissler vitavit Schnellkochtopf benutzt hat, erkennt bald, wie praktisch das Arbeiten damit ist und in wie kurzer Zeit man darin komplette, schmackhafte Mahlzeiten herstellen kann. Vorteilhaft ist es, sich noch einen kleineren vitavit Schnellkochtopf oder die vitavit Schnellbratpfanne dazu anzuschaffen. Dann entfällt es, nachträglich Nahrungsmittel mit kürzeren Garzeiten zuzugeben.

Grundrezept für Schmorbraten (Kalb — Rind — Hammel — Schwein)

Fleisch mit den Gewürzen kräftig einreiben, in heißem Fett auf allen Seiten gut anbraten, einen kleinen Teil lauwarme Flüssigkeit nach und nach zugeben und immer etwas einkochen lassen. Das löst die Röststoffe und ergibt einen kräftigen Geschmack. Übrige Zutaten kleingeschnitten zufügen, gut durchschmoren, restliche Flüssigkeit aufgießen, Topf schließen und fertig garen! Abschließend die Soße durchseihen und fertigstellen, z. B. mit Sahne, Wein oder Tomatenketchup; auch kochfertige Bratensoße verhelfen zu kräftigem pikantem Geschmack.

1 kg Fleisch nach Wahl, Salz, Pfeffer, Muskat, Mayoran, Kümmel, Senf, 2 Eßl. Fett, 2 Zwiebeln, 1 Suppengrün, 1/8-1/4 l Würfelbrühe, 1 Eßl. Mehl für Sahnensoße (mit Sahne anrühren) (ggf. 1 Bratensoße

Wahl siehe Rezepte Seiten 34/35 Für solche Braten schmecken Knödel oder Klöße vorzüglich. Rezepte auf Seite 53.

Garzeit: im Schnellkochtopf 25 bis 30 Minuten, bei üblicher Zubereitung 90 bis 120 Minuten.

Tips für richtiges Würzen: Bei Kalbsschmorbraten genügen Salz und Muskat (bräunen in Butter). Schweinebraten wird mit Salz, Pfeffer, Mayoran und Kümmel eingerieben und Rinderbraten mit Senf, Pfeffer und Salz gewürzt. Durch den Senf wird das Fleisch besonders mürbe. Den strengen Hammelgeschmack kann man überdecken, indem der Braten mit zerriebenem Knoblauch eingerieben wird. Oder über Nacht in etwas Milch legen.

1 kg Rindfleisch, Beize: aus 3/4 l Wasser, 1/4 l Essig, Lorbeerblatt, Pfefferkörner, Nelken, Wacholderbeeren, Zwiebelringe, 1 Suppengrün, 50 g Speck, 1 Zwiebel, 1 Suppengrün, Salz, Pfeffer, Senf, 1/4 l Brühe aus Würfeln, 1 Eßl. Mehl, 1/4 l Sahne, Gewürze nach Bedarf

Sauerbraten (Garzeit wie Schmorbraten)
Fleisch einige Tage in die aufgekochte und erkaltete Beize legen.
Speck und Zwiebeln kleinschneiden. Speck auslassen, übrige kleingeschnittene Zutaten zugeben und andünsten. Fleisch aus Beize nehmen, abtrocknen, würzen und in dem Speck-/Zwiebelgemisch allseits anbräunen! Brühe in kleinen Mengen zugeben und etwas einschmoren lassen. Restliche Flüssigkeit aufgießen, Topf schließen und fertig garen! An die durchgeseihte Soße die mit Mehl verrührte Sahne geben und würzen.

Soßenzutaten nach kochfertig, ggf. Wein od. Tomatenketchup) 1 kg Schweinebraten, Keule mit Schwarte, Salz, Pfeffer, Mayoran, 3 Eßl. Öl, 1 Zwiebel, 1/4 l Brühe,

Schweinebraten mit Rosenkohl
Fleisch waschen, abtrocknen. Schwarte in Quadrate einschneiden, Fleisch würzen. Keimöl in vitavit Schnellbratpfanne oder -kochtopf erhitzen, Fleisch mit Kruste nach unten einlegen, Fett kräftig ausbraten und die Kruste schön bräunen. Alle Seiten gut anbräunen, die Zwiebel kleingeschnitten zugeben, etwas andünsten, die Brühe aufgießen, Topf schließen und fertig garen.

Zum Schluß mit dem Bratenfond eine beliebige Soße z. B. Sahnesoße, Teufelsoße oder Soße Marina zubereiten. Rezepte dafür auf den Seiten 34/35.

1 P. Rosenkohl tief-gekühlt etwa 7 Min. vor Garzeitende im gelochten Einsatz in den Schnellkochtopf stellen. 1 P. Kartoffel-pürree, Zutaten nach Angabe

Dazu Rosenkohl und Kartoffelpürree — eine schnelle gute Mahlzeit!
Garzeit: im vitavit Schnellkochtopf 25 bis 30 Minuten, bei üblicher Zube-reitung im Backofen 90 bis 120 Minuten.
Kurz vor dem Anrichten kann man in der Fissler bratfein novogrill nochmals 3 Eßl. Keimöl gut erhitzen und den Braten, mit der Schwarte nach unten, einige Minuten in das heiße Öl legen. Die Kruste wird dann sehr knusprig und doch schön weich. Der Rosenkohl läßt sich auch im zweiten Schnellkochtopf einige Minuten vor dem Servieren fertigstellen.

Wiener Rollbraten (Garzeit wie Schweinebraten)
Fleisch von den Knochen lösen, flach klopfen, würzen, mit den in Schinkenspeck gewickelten Würstchen be-legen, aufrollen, mit den restlichen dünn geschnittenen Speckscheiben umwickeln und befestigen. Fleisch im er-hitzten Keimöl allseits gut bräunen; siehe Rezept Seite 69. Brühe aufgießen, Topf oder Pfanne schließen und garen. Dazu Klöße nach Wahl; Rezepte siehe S. 53/54.

1 kg Kotelettst. v. Kalb, Salz, Pfeffer, Muskat, 3 Eßl. Keim-öl, 1 P. Wiener Würstchen, 100 g Schinkenspeckscheib., 1/4 l Brühe/Würfel, 1/4 l Sahne für Soße

Rindsrouladen
Fleischscheiben flach klopfen, mit Salz, Pfeffer und Senf gut einreiben, mit Füllmasse belegen, aufrollen und bin-den. Fett erhitzen, Rouladen allseits gut anbraten, übrige Zutaten zugeben, etwas durchschmoren, Flüssigkeit nach und nach zugeben, Topf schließen und fertig garen. Die Soße ggf. mit etwas kochfertiger Bratensoße oder auch mit Sahne fertigstellen. Rezepte auf Seite 34.
Garzeit: im vitavit Schnellkochtopf 15 bis 20 Minuten, bei üblicher Zubereitung 60 bis 90 Minuten.

4 dünne Rindsrou-laden, Salz, Pfeffer, Senf, Füllung: 1 Eßl. Senf, 80 g Speck ge-würfelt, 1 Gurke, 2 Zwieb. kl. geschn., 1 Zehe Knoblauch zerr., 30 g Fett zum An-braten, 1 Zwiebel kl. geschn., 20 g Speck kl. geschn., ggf. Sahne 1/4 l mit 1 Eßl. Mehl

4 dünne Kalbs-
schnitzel, gerieb. Par-
mesankäse (nur Par-
mesan), 100 g dünn
geschn. durchwach-
sener Lachsschinken,
1 Eßl. Mehl, 50 g
Butterschmalz, 1/8 l
heiße Brühe/Würfel,
1/4 l Sahne, ggf. etwas
kochfertige Braten-
soße, Beilage nach
Wahl, Klöße, Brei,
Reis

Pikante Kalbsrouladen

Fleischscheiben flach klopfen, mit Parmesankäse dick bestreuen, mit Lachsschinkenscheiben belegen, aufrollen,
binden, außen in Mehl wälzen und im erhitzten Butterschmalz goldbraun anbraten. Mit etwas Mehl bestäuben,
noch etwas durchschmoren, Flüssigkeit in kleinen Mengen nach und nach zugeben. Topf schließen und fertig
garen! Die Soße mit Sahne fertigstellen, siehe auch Rezept Seite 34.

Garzeit: im vitavit Schnellkochtopf 10 bis 15 Minuten,
bei üblicher Zubereitung 60 bis 70 Minuten.

4 Scheiben gek. Schin-
ken, 1 P. Spinat tief-
gek. fertig gegart,
davon 3 Eßl. Spinat
und 2 Ecken Käse-
creme z.B. Sahne od.
Champ., 4 Schinken-
speckscheiben, 4 Eier
halbweichgekocht,
Teig aus 2 Eiern,
80 g Mehl,
6 Eßl. Milch, Salz,
Fett zum Ausbacken/
Butterschmalz

Osterrouladen

Schinkenscheiben mit Spinatkäsecreme bestreichen, darauf eine Schinkenspeckscheibe legen und damit das Ei
einwickeln. Mit zwei Hölzchen zusammenhalten, in den
Eierteig tauchen und im heißen Butterschmalz ausbacken.
Mit Salaten, Kartoffelbrei und Spinat servieren.

Garzeit: etwa 10 bis 15 Minuten.

4 Eßl. Keimöl, 375 g
Kalbs- od. Schweine-
leber, 1 gr. Zwiebel,
1/2 l Wasser, Salz,
Pfeffer, Mayoran,
2 Mohrrüben, 1 Eßl.
Tomatenmark, 20 g

Leberragout nach Wiener Art

Keimöl erhitzen, die in Würfel geschnittene Leber darin
anbräunen. Zwiebelwürfelchen dazugeben und bräunen.
Wasser aufgießen, Knorrox einstreuen, würzen. Die geriebenen Mohrrüben sowie das Tomatenmark hinzu-
fügen. Topf schließen, garen. Zum Schluß Mondamin mit
etwas kaltem Wasser anrühren, dem Gericht zugeben

und unter Rühren aufkochen lassen. Mit Rotwein ab-schmecken.

Mondamin, 3 Eßl.
Rotwein

Beilage: Reis, Kartoffeln oder Kartoffelbrei, ggf. Kartoffelpürree.
Garzeit: im vitavit Schnellkochtopf 2 bis 3 Minuten, bei üblicher Zubereitung 8 bis 10 Minuten.
Man kann für alle Lebergerichte die preiswerte Rindsleber nehmen und sie einige Stunden in Milch einlegen. Sie wird dann hell wie Kalbsleber und hat einen zarten feinen Geschmack.

Rheinische Leber

Leberscheiben in Mehl wälzen, im heißen Butterschmalz auf beiden Seiten kurz anbraten, auf eine vorgewärmte Platte legen und warmhalten. Apfel- oder Ananasringe in dem Butterschmalz bräunen und Leberscheiben damit schuppenartig belegen, evtl. mit Zwiebelringen rösten. Mit Toast, Salaten oder beliebigen anderen Beilagen servieren. **Garzeit:** 8 bis 10 Minuten.

8 Scheiben Leber nach Wahl, etwas Mehl, Butterschmalz zum Braten, 8 geschälte entkernte Apfelringe (ggf. Dosenananas). Nach dem Braten mit Salz u. Pfeffer würzen

Leber paniert oder im Teigmantel

Genauso zubereiten wie Wiener Schnitzel oder Pariser Schnitzel, Rezept Seite 75. Nicht die Leber würzen, sondern die Eiermilch oder den Teig, die Leber wird sonst hart.

Goulasch

Fleisch in Würfel schneiden, mit Salz-Pfeffer-Paprikagemisch bestäuben und in Mehl wälzen. Fett erhitzen, Fleischwürfel darin allseits gut anbräunen. Zwiebeln kleingeschnitten zugeben. Unter kräftigem Rühren alles gut durchschmoren, Mehl überstäuben, alle übrigen Zutaten zugeben und Würfelbrühe nach und nach auffüllen. Topf schließen und fertig garen. Stückchen Butter hell bräunen, Paprika zugeben, aufschäumen lassen und über das fertige Goulasch verteilen.
Garzeit: im vitavit Schnellkochtopf 15 bis 20 Minuten, bei üblicher Zubereitung etwa 90 Minuten.
Beilage: Nudeln, Makaroni, Spätzle.

600 g gem. Fleisch, Salz, Pfeffer, Paprika, 1 Zehe geriebener Knoblauch, alles mischen! 60 g Fett, 3-4 große Zwiebeln, 3 Tomaten, 1 Eßl. Mehl, 2 Teel. Tomatenmark, 3 Teel. Paprika mild, $1/4$ l heiße Würfelbrühe, 30 g Butter, 1 Teel. Paprika mild, etwas saure Sahne od. 1 Eßl. Wein unterziehen

Minutenfleisch

500 g Schweinefleisch, 2-3 Zwiebeln, 3 Eßl. Keimöl, Salz, Pfeffer, ¼ l Wasser, 1 Btl. Jägersoße, 2 Eßl. Dosenmilch

Fleisch in kleine dünne Scheiben schneiden. Keimöl erhitzen, Fleischscheiben darin kräftig anbräunen, kleingeschnittene Zwiebeln zugeben, weiterbraten bis alles hell gebräunt ist. Mit Salz, Pfeffer abschmecken, die angerührte Jägersoße dazugießen, unter Rühren aufkochen und bei milder Temperatur 5 Minuten kochen lassen. Dosenmilch dazugeben und beliebig abschmecken. Dazu Klöße nach Wahl, siehe Rezepte auf den Seiten 53/54. **Garzeit: 10 bis 15 Minuten.**

Gundelsheimer Schnellgericht

1 Btl. Weiße Soße, ¼ l Wasser, ¼ l Milch, 3-4 Bratwürste, 2-3 Gewürzgurken, Pfeffer, Petersilie

Weiße Soße nach Kochanweisung jedoch mit ¼ l Milch und ¼ l Wasser zubereiten. Fleisch der Bratwurst als Klößchen in die Soße drücken und etwa 5 bis 10 Minuten ziehen lassen. Gurken in kleine Würfel schneiden, zugeben und mit erwärmen. Mit Pfeffer herzhaft abschmecken und mit gehackter Petersilie anrichten. **Garzeit: etwa 10 bis 15 Minuten.**

Bunte Hackfleischpfanne

1 Zwiebel, 3 Eßl. Keimöl, 250 g gem. Hackfleisch, Salz, Pfeffer, Paprika, Cayennepfeffer, ¼ l Wasser, 2 gestr. Teel. Knorrox, 1 P. tiefgefrorenes Suppengemüse, ¼ l Wasser, 1 Btl. Tomatensoße, 2-3 Eßl. Dosenmilch

Zwiebel in kleine Würfel schneiden und in heißem Keimöl anrösten. Fleisch dazugeben und anbraten. Salz, Pfeffer, Paprika, Cayennepfeffer zugeben. Suppengemüse beifügen, Topf schließen und fertiggaren. Zum Schluß die Tomatensoße im Wasser anrühren und über die Fleischgemüsemasse verteilen, kurz aufkochen und mit Dosenmilch abschmecken. **Garzeit: im vitavit Schnellkochtopf 5 bis 6 Minuten, bei üblicher Zubereitung 15 bis 20 Minuten.**

Als Beilage schmecken Käseknödel, Rezept Seite 53, vorzüglich.

Hacksteaks „Sweet Sour"

400 g Schweinehackfleisch, 1 Brötchen, 1 Ei, 1 Zwiebel, Aromat, Salz, Pfeffer,

Hackfleisch, eingeweichtes und ausgedrücktes Brötchen mit Ei, kleingeschnittener Zwiebel und den angegebenen Gewürzen vermengen, pikant abschmecken. Aus der

Masse 8 kleine Steaks formen und im heißen Keimöl von jeder Seite etwa 4 Minuten braten, danach warmstellen. Paprikaschoten vom Samenstand befreien, waschen, in feine Streifen schneiden und im Bratenfett dünsten. Cayennepfeffer und Salz darüberstreuen. Abgetropfte Sojabohnenkeime und Ananasstücke dazugeben, dünsten, Ananassaft und Weinessig zufügen. Sojabohnenwasser mit Wasser zu ¹/₄ l ergänzen. Feinkost-Bratensoße einrühren, dazugießen, unter Rühren aufkochen und 1 bis 2 Minuten mild weiter kochen lassen. Mit Tomatenketchup, Soja-Sauce und Zucker abschmecken. Steaks einlegen und erwärmen.

Garzeit: 15 bis 20 Minuten.

¹/₂ gestr. Teel. Curry, 3 Eßl. Keimöl, je 1 rote und grüne Paprikaschote, Cayennepfeffer, Salz, 1 Dose Sojabohnenkeime (etwa 260 g), 1 Dose Ananas ca. 220 g, 4 Eßl. Ananassaft, 2 Eßl. Weinessig, Sojabohnenwasser, Wasser, 1 Btl. Feinkost-Bratensoße, 4 Eßl. Tomatenketchup, 1 Eßl. dunkle Soja-Sauce, 1 gestr. Eßl. Zucker

Internationales Schnitzelkarussel

Wiener Schnitzel

Schnitzel trocken tupfen, leicht klopfen, würzen, mit Mehl bestäuben, in die Eiermilch tauchen, in Semmelbrösel wälzen und in heißem Fett schwimmend ausbacken.

Garzeit: etwa 8 bis 10 Minuten.

Anmerkung: Es können auch magere Schweineschnitzel verwendet werden.

4 dünne Kalbsschnitzel, Salz, ggf. Pfeffer, Muskat, Mehl zum Bestäuben, Eiermilch aus: 2 Eiern, 2 Eßl. Milch und 1 Eßl. Öl, Salz, Semmelnbröseln, Fett zum Ausbacken

Pariser Schnitzel

Schnitzel trocken tupfen, leicht klopfen, würzen, in den Eierteig tauchen, etwas abtropfen lassen und im heißen Fett schwimmend ausbacken.

Garzeit: etwa 8 bis 10 Minuten.

Kalbs- od. Schweineschnitzel, Salz, Pfeffer, Eierteig aus: 80 g Mehl, Salz, Muskat, 2 Eier u. 8 Eßl. Milch, 1 Eßl. Öl, Fett zum Ausbacken

4 dünne Schweine-
schnitzel, Senfge-
misch aus:
2 Eßl. Senf,
Salz, Pfeffer, 1 Eßl.
Öl, Eigerteig siehe
Pariser Schnitzel, Fett
zum Ausbacken

Prager Schnitzel

Schnitzel trocken tupfen, leicht klopfen, mit Senfgemisch kräftig einreiben, etwas einziehen lassen, in den
Eierteig tauchen und im heißen Fett schwimmend ausbacken.

Garzeit: etwa 8 bis 10 Minuten.

4 dicke, etwa 2-3 cm
stark geschn. Schei-
ben von Kasseler
Rollbraten, 2 Eßl.
Tomatenmark,
1 Sahne-Dreieckskäse,
Eiermilch siehe Wie-
ner Schnitzel, Sem-
melbrösel u. 1 Eßl.
geriebener Käse,
Fett zum Ausbacken

Kasseler Lukullus-Schnitzel

Fleischscheiben mit Tomatenkäsemasse bestreichen und
gut einreiben, in Mehl wenden, in die Eiermilch tauchen,
in Semmelbröselkäsegemisch wälzen und in heißem Fett
schwimmend ausbacken.

Garzeit: etwa 8 bis 10 Minuten.

Durch die Ölzugabe zur Eiermilch erhalten die Schnitzel eine besonders
knusprige Kruste. Die Paniermasse blättert nicht ab, wenn das Fett erhitzt
ist, die Schnitzel gut trocken getupft sind, und die Panade nur leicht ange-
drückt ist.

4 magere Schweine-
schnitzel, Salz, Pfef-
fer, Knoblauchpulver,
Eierteig aus:
80 g Mehl, 2 Eiern,
Salz, Muskat, 6 Eßl.
Milch, 50 g Schinken-
speck, 150 g Champ.
(ggf. aus Dose),
Fett zum Ausbacken

Jägerschnitzel

Schnitzel trocken tupfen, leicht klopfen, mit den Gewürzen gut einreiben. Schinkenspeck klein würfelig und
Champignons in feine Scheiben schneiden. Unter den
Eierteig mischen, Schnitzel darin eintauchen, abtropfen
und in heißem Fett schwimmend ausbacken.

Garzeit: 10 bis 12 Minuten.

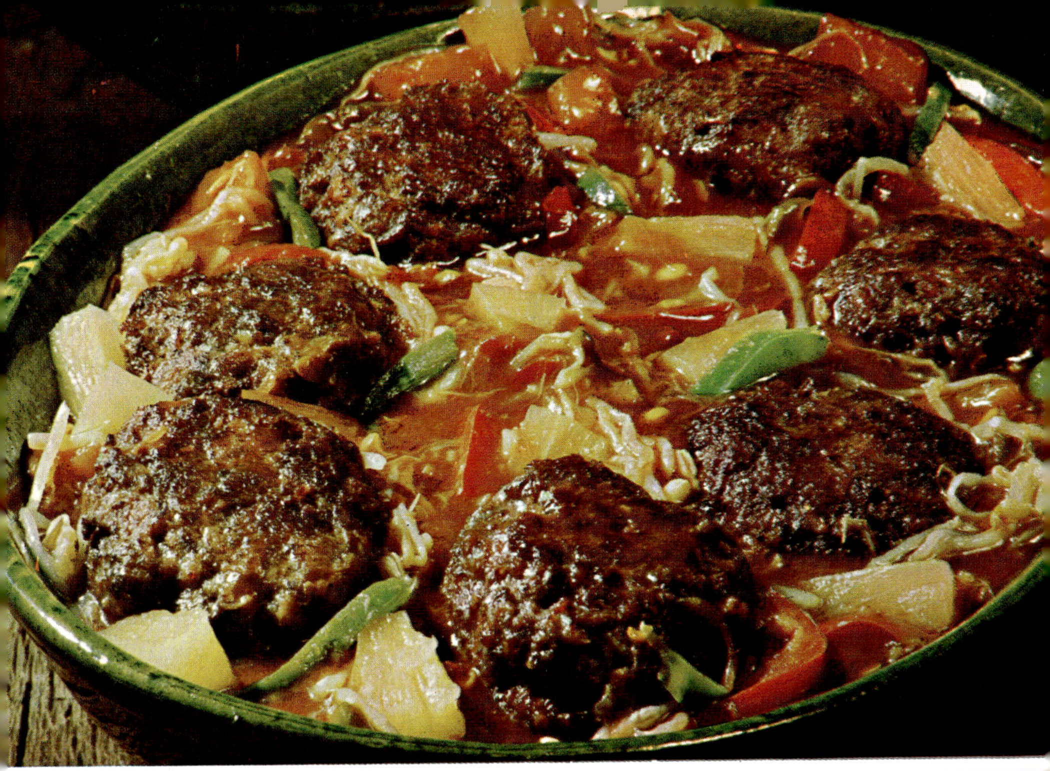

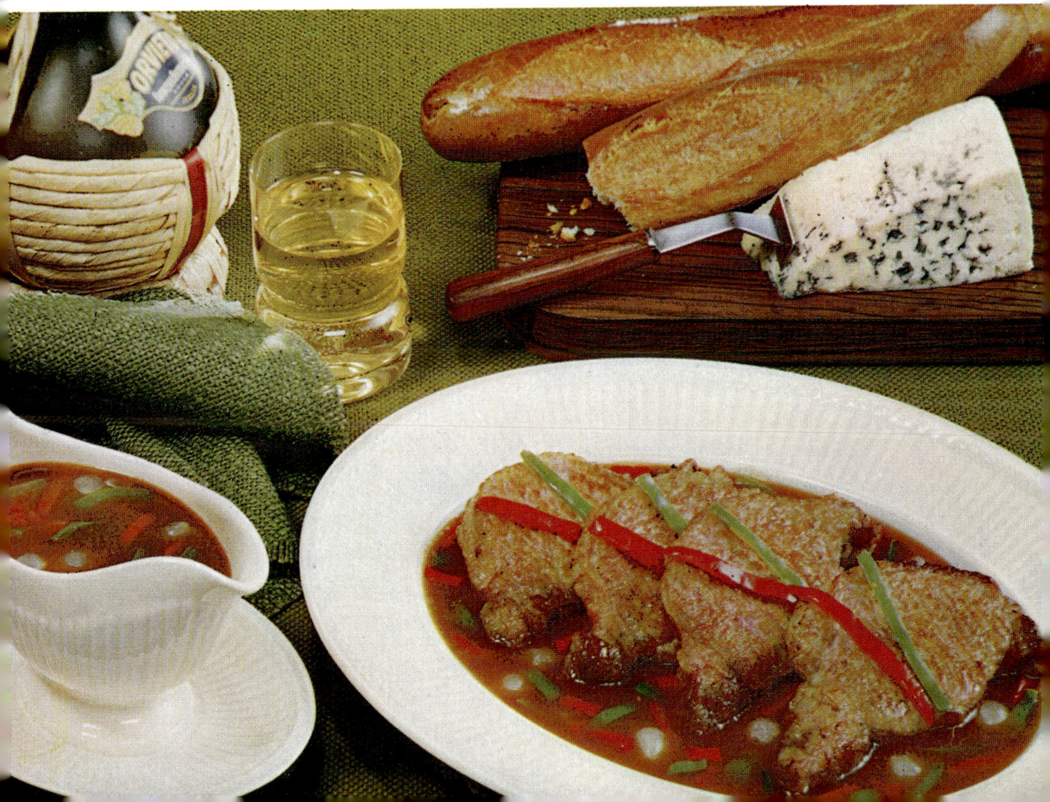

Hacksteaks „Sweet Sour"
Rezept siehe Seite 74

Zigeunerschnitzel
Rezept siehe Seite 80

Schnitzel Cordon bleu

Schnitzel leicht klopfen, an Längsseite mit spitzem Messer eine Tasche einschneiden, je eine Käse und Schinkenscheibe einlegen und mit einem Hölzchen zusammenhalten. Schnitzel gut trocken tupfen, salzen, in Mehl wenden, in Eiermilch tauchen, in Semmelbrösel wälzen und im heißen Fett goldbraun ausbacken.
Garzeit: etwa 10 bis 15 Minuten.

4 dicke Kalbsschnitzel, Salz, 4 Scheiben Schweizer Käse, 4 Scheiben magerer Schinken, Eiermilch siehe Wiener Schnitzel oder wenn gewünscht mit Eierteig, s. Pariser Schnitzel, Fett zum Ausbacken

Scaloppa alla Parma

Schnitzel trocken tupfen, leicht klopfen — würzen und dünn mit Tomatenmark bestreichen. 4 Schnitzel mit je 1 Chesterscheibe und Champignons belegen, die restlichen Schnitzel darüberlegen, jeweils mit Hölzchen zusammenhalten, mit Mehl bestäuben, in Eiermilch tauchen, in Semmelbrösel wälzen und im heißen Fett schwimmend ausbacken.
Garzeit: etwa 10 bis 15 Minuten.

8 kleine dünne Kalbsschnitzel, (am besten Lendenschnitten), Salz, Pfeffer, Muskat, Tomatenmark nach Bedarf, 4 Scheiben Chesterkäse, etwa 150 g Champignonscheiben (ggf. Dose), Eiermilch siehe Wiener Schnitzel, Fett zum Ausbacken

Ultimo-Schnitzel

Leberkäsescheiben auf beiden Seiten mit Käsecreme bestreichen, in Mehl wenden, in Eiermilch tauchen, in Semmelbrösel wälzen und in heißem Fett ausbacken.
Garzeit: etwa 8 Minuten.

4 Scheiben Leberkäse, 2 Dreieckkäsecreme nach Wahl, Eiermilch, siehe Wiener Schn., Fett zum Ausbacken

Sahneschnitzel

Schnitzel leicht klopfen, an den Rändern und in den Sehnen einschneiden, würzen, in Mehl wenden und im heißen Fett goldbraun braten. Nach kurzem beiderseitigem Braten Sahne zugießen, Schnitzel darin ziehen lassen, Soße abschmecken.
Garzeit: etwa 8 bis 10 Minuten.

4 nicht zu dünne Kalbsschnitzel, Salz, Muskat, Mehl zum Bestreuen, Fett zum Ausbacken, 1/4 l Sahne, Gewürze nach Belieben, z. B. Aromat

79

Naturschnitzel

4 etwas dickere Kalbsschnitzel, Salz, Muskat, Mehl zum Bestäuben, Fett zum Ausbacken, 30 g Butter zum Bräunen, 1/8 l Würfelbrühe, Gewürze nach Bedarf

Alles wie Sahneschnitzel, jedoch ohne Sahnezugabe, stattdessen zum Schluß etwas Butter braun aufschäumen lassen, mit Brühe aufgießen und die Schnitzel abgedeckt darin ziehen lassen. Nach Belieben abschmecken.
Garzeit: etwa 8 bis 10 Minuten.

Holsteiner Schnitzel

4 dünne Kalbsschnitzel, Salz, Pfeffer, Mehl zum Bestäuben, 2 Sardellen, 1 Teel. Kapern, 1/8 l saure Sahne, Gewürze nach Bedarf, Sardellen, Kapern, 1 Spiegelei je Schnitzel, Petersiliensträußchen

Schnitzel leicht klopfen, an den Rändern und in den Sehnen einschneiden, würzen, in Mehl wenden und im heißen Fett goldbraun braten. Die Sardellen fein hacken, über die Schnitzel verteilen, Sahne mit Kapern vermischen und darübergießen, zugedeckt ziehen lassen. Schnitzel mit angegebenen Zutaten garnieren.
Garzeit: etwa 8 bis 10 Minuten.

Zigeunerschnitzel

4 Schweineschnitzel, 1 Zehe Knoblauch, Aromat, 3 Eßl. Keimöl, 1 Btl. Feinkost Bratensoße, 1/4 l Wasser, 100 g eingelegt. Paprikaschoten, Perlzwiebeln, 3 Eßl. Weißwein, 1 Prise Zucker

Schnitzel etwas breit klopfen, mit zerriebenem Knoblauch einreiben, mit Pfeffer und Aromat würzen. Keimöl heiß werden lassen, die Schnitzel auf beiden Seiten goldbraun braten. Feinkost Bratensoße nach Vorschrift zubereiten, Paprika und Perlzwiebelchen kleingeschnitten zugeben, mit Weißwein und etwas Zucker abschmecken.
Garzeit: etwa 8 bis 10 Minuten.

Ungarische Paprikakoteletts

4 Schweinekoteletts, Salz, Pfeffer, Paprika, Mehl, 3 Eßl. Öl z. B. Keimöl, 1 Teel. Tomatenmark, 1 Zwiebel kl. geschn., 2 Pa-

Koteletts würzen, mit Mehl bestäuben und im heißen Öl beidseitig goldbraun braten. Koteletts herausnehmen, warm stellen. Soße mit den übrigen Zutaten vermengen, einmal aufkochen, Sahne unterrühren, die Koteletts einlegen und in der Soße ziehen lassen.

Garzeit: im vitavit Schnellkochtopf 5 bis 6 Minuten, bei üblicher Zubereitung 15 bis 20 Minuten.

prikaschoten kl. ge-schn. (ggf. eingelegte), 1 Tomate kl. geschn., 1/8 l Wasser, 1/8 l saure Sahne

Serbische Hammelkoteletts

In die Koteletts mit feinem Messer einschneiden, so daß eine Tasche entsteht. Innen und außen mit zerriebenem Knoblauch, Pfeffer und Paprika kräftig einreiben. Sauerkraut mit kleinwürfelig geschnittenem Speck und Zwiebeln sowie Tomatenmark untermischen und in die Taschen füllen. Mit Hölzchen zusammenhalten, außen mit Mehl bestäuben und im erhitzten Fett bei nicht zu großer Temperatur beidseitig braten. Mit Würfelbrühe aufgießen, Pfanne oder Topf schließen und fertiggaren. Dazu schmecken sehr gut Käseknödel, Rezept siehe Seite 53. Garzeit: im vitavit Schnellkochtopf 5 bis 6 Minuten, bei üblicher Zubereitung 20 bis 25 Minuten.

4 dicke Hammelkoteletts, Salz, Pfeffer, Paprika, 2 Zehen Knoblauch zerrieben, 1 Zwiebel, 1 Teel. Tomatenmark, 50 g Schinkenspeck, 150 g Sauerkraut, Mehl, 3 Eßl. Öl z. B. Keimöl, 1/4 l Würfelbrühe (ggf. 1 Tomatensoße in die Soße einkochen und mit etwas Paprika nachwürzen)

Für alles kurz Gebratene, besonders aber für Schnitzel jeder Art, eignet sich zum Braten oder Ausbacken vorzüglich Öl; besonders Keimöl, weil es keinen Beigeschmack hat und sehr gesund ist. Es kann hoch erhitzt werden, ohne zu verbrennen. Deshalb schließen sich beim Fleisch schnell die Poren, es bleibt saftig und geschmackvoll. Weil bei Schnitzeln aber der Buttergeschmack das Besondere ist, läßt man zum Schluß ein Butterstück im Bratenfond aufschäumen und etwas anbräunen.

Tournedos „Hawai"

Filetscheiben mit Cognak beträufeln und auf beiden Seiten kurz, aber kräftig anbraten. Danach auf beiden Seiten würzen und auf eine vorgewärmte Platte legen. Butter kurz aufschäumen lassen, die Ananasringe darin beidseitig etwas anbraten. Steaks nochmals in die Pfanne geben. Ananasringe auf die Steaks verteilen, in die Ananasmitte je ein Lachsschinkenröllchen setzen. Mit gebräunter Butter beträufeln und auf heißem, gebutterten Toast

4 Filet- oder Lendenscheiben (etwa 2 1/2 cm stark), etwas Cognac zum Beträufeln, 3 Eßl. Öl zum Braten, Salz, Pfeffer, 50 g Butter, 4 Ananasringe, 4 dünne Scheiben Lachsschinken, Salate,

4 Toast gebuttert (buttern Sie die Toast mal mit Kräuterbutter, wie sie im Handel erhältlich ist)

mit Salaten servieren.

Garzeit: etwa 8 bis 10 Minuten.

4 Filets oder Lendenscheiben (etwa 2½ cm), Senfgemisch aus: 1 Eßl. Weißwurstsenf, 1 Eßl. Weinbrand, 1 Eßl. Öl, Salz, Pfeffer, 50 g Butter, 4 halbe Dosenpfirsiche oder Aprikosen, 4 Teel. Preißel- oder Johannisbeeren, etwa 4 Eßl. Weinbr.

Steak mit Schuß

Filetscheiben mit Senfgemisch einreiben und einige Minuten ziehen lassen. Beidseitig im erhitzten Öl kurz, aber kräftig anbraten und auf eine vorgewärmte Platte legen. Butter leicht bräunen, die Dosenpfirsiche darin kurz anwärmen. Auf jedes Steak einen Pfirsich (Aprikose) mit der Wölbung nach unten legen, vorher in die Öffnung je einen Teelöffel voll Preiselbeeren geben. Angewärmten Weinbrand darübergießen und brennend auf gut gebuttertem Toast mit Salaten umringt servieren.

Garzeit: etwa 8 bis 10 Minuten.

Delikate Champignonschnitten

4 Rinder- oder Kalbslendenschnitten, 3 Eßl. Butterschmalz, Salz, Pfeffer, 1 kl. Dose Champignon, Salz, Pfeffer, Muskat, ⅛ l Sahne, Gewürze nach Bedarf, Zitronensaft

Lendenschnitten im Butterschmalz auf beiden Seiten goldbraun kurz gebraten und auf eine vorgewärmte Platte legen. In Scheiben geschnittene Champignon in das Butterschmalz geben und kurz anbraten, würzen und auf Lendenschnitten verteilen. Bratenfond mit Sahne löschen, abschmecken und über die Steaks gießen. Dazu Reis oder Brei servieren.

Garzeit: etwa 8 bis 10 Minuten.

Julischka-Platten

800 g Rinderfilet im Ganzen, 200 g ger. Speck in Streifen, Paprika, 1 Zehe Knoblauch, 3 Eßl. Öl, Salz, Pfeffer, 50 g Schinkenspeck, 2 kl.

Speckstreifen in Paprika wälzen und mit zerriebenem Knoblauch einreiben. Der Länge nach durch das Filetstück ziehen, und das Fleisch in 4 Scheiben schneiden. Alle Seiten mit Öl bestreichen, im erhitzten Öl auf beiden Seiten kurz, aber kräftig anbraten. Die Steaks auf eine vorgewärmte Platte legen und würzen. Im Bratenfond den kleingeschnittenen Speck auslassen, sehr fein

geschnittene Pepperoni und in Streifen geschnittene Paprikaschoten zugeben, kurz erhitzen und um die Steaks rundherum anrichten. Zwiebel in Ringe schneiden und roh auf die Steaks ordnen. **Beilagen:** herzhafte Salate und Pommes frites
Garzeit: etwa 10 Minuten.

eingelegte Peperoni,
2 rote Paprikasch.
eingelegt, 2 Zwiebeln,
1 P. Pommes frites,
Fett zum Ausbacken,
Salate

Esterhàzyschnitten

Steaks würzen und mit Senf bestreichen. Öl erhitzen, Steaks kurz anbraten, und auf eine vorgewärmte Platte legen. Speckwürfelchen in der Pfanne auslassen, alle übrigen Zutaten feinstreifig geschnitten zugeben. Pfanne oder Schnellkochtopf schließen und dünsten.
Garzeit: im vitavit Schnellkochtopf 2 bis 3 Minuten, bei üblicher Zubereitung 10 bis 15 Minuten. Bei Verwendung des Schnellkochtopfs vor dem Schließen etwa $^{1}/_{8}$ l Brühe zugeben. Das Gericht zum Schluß mit Mehl überstäuben, mit restlicher Brühe aufgießen, kurz aufschäumen und noch einige Minuten darin ziehen lassen. Zum Anrichten das Gemüse auf die Steaks legen und die Soße darüber geben!
Garzeit: im vitavit Schnellkochtopf etwa 5 bis 6 Minuten, bei üblicher Zubereitung 20 bis 25 Minuten.

4 Scheib. Rumpsteak,
Salz, Pfeffer, Senf,
3 Eßl. Öl z.B. Keimöl,
50 g Schinkenspeck,
1 Zwiebel, 2 Möhren,
Sellerie u. Petersilien-
wurzel, $^{1}/_{8}$-$^{1}/_{4}$ l Brühe
aus Würfeln, $^{1}/_{2}$ Eßl.
Mehl, $^{1}/_{8}$ l saure
Sahne

Geflügel und Wild

Geflügel

ist ein beliebtes Nahrungsmittel bei Jung und Alt. Nachfolgende Ratschläge sollen dazu beitragen, daß auch hier die Zubereitung schnell von der Hand geht und zum Festtagsessen werden kann.

Junges Geflügel ist geeignet zum Braten und Grillen und läßt sich an folgenden Merkmalen erkennen:

der Brustkorb läßt sich leicht eindrücken,

die Schwimmhäute lassen sich leicht einreißen,

die Farbe der Füße ist hell, **die Krallen** sind weiß.

Fettarmes Geflügel sollte mit Speck umwickelt oder mit Butter bestrichen werden.

Eine knusprige Haut wird erzielt, wenn einige Minuten vor dem Bratende das Geflügel mit Salzwasser bestrichen wird.

Wild soll immer gut abgehangen sein, etwas „Hautgout" gehört dazu. Vor dem Zubereiten empfehlen wir, das Wild einige Tage in eine Beize zu legen.

Pro Person rechnet man 200 g Wildfleisch.

Junge Hasen erkennt man an leicht einreißbaren Löffeln.

Wildfleisch ist fettarm, daher mit Speck umwickeln oder spicken, ggf. mit Butter bestreichen.

Steaks aus Wildfleisch vor dem Braten oder Grillen einige Stunden in eine Ölbeize, Öl, Salz, Pfeffer, Senf, legen.

Übersichtstabelle für Wildfleisch und seine Verwendungsmöglichkeiten

Wildart	Braten	Schmoren	Kurzgebraten
Reh	Keule, Rücken, Bug	Bug, Blatt	Grillen:
Hirsch	Keule, Rücken, Bug	Bug, Blatt	Keule, Steak
Hasen	Keule, Rücken	Kopf, Herz, Lunge	Steak
Wildschwein	Rücken, Schlegel,	Bauchlappen	Rücken, Keule
Kaninchen	Keule	Kopf, Bauchlappen	Rücken
	Rücken, Keule		Kotelett
			Rücken, Keule

Rehrücken zart pikant

Rehrücken häuten und 2 bis 3 Tage in Beize legen. Vor dem Braten abtropfen und trocken tupfen. Aus Salz, Pfeffer, Senf und Öl einen Brei rühren und den Rehrücken allseits gut damit einreiben. Öl im Topf erhitzen, Rehrücken unter häufigem Wenden gut bräunen. (Rehrücken ggf. rund biegen oder in zwei Stücke teilen). Schinkenspeck kleinwürfelig schneiden und über den Rehrücken streuen. Wasser und Wein in den Topf geben, Gewürze und Suppengrün zufügen. Weinbrand über den Rehrücken gießen und Topf ganz schnell schließen. Vor dem Anrichten Fleisch schön aufschneiden und warmstellen. Soße durch ein Sieb streichen und mit den angegebenen Zutaten fertigstellen. Rehrücken mit Dosenmandarinen garnieren. Dazu Wiener Semmelknödel reichen.

Garzeit: im vitavit Schnellkochtopf 20 bis 25 Minuten, bei üblicher Zubereitung 60 bis 70 Minuten.

Beize aus: Essig, Wasser, 1 Zwiebel, 1 Suppengrün, Lorbeerbl., Wacholderbeeren, Nelken, Pfefferkörner (alles zusammen aufkochen), Fleisch in die erkaltete Beize legen, 1 kg Rehrücken, Salz, Pfeffer, 1 Eßl. Senf, 2 Eßl. Öl, 3 Eßl. Öl, 100 g Schinkenspeck, 1/8 l Wasser, 1/8 l Weißwein, 1 Gl. Weinbr., 1 Teel. Speisestärke, 1/4 l Sahne, Gewürze nach Bedarf

Hirschmedaillons

Filets klopfen, beidseitig mit Weinbrand einreiben, im erhitzten Öl auf beiden Seiten schnell anbraten und gut durchziehen lassen, dann erst würzen. Auf die Medaillons gehackten Schinkenspeck verteilen, darauf je 1 Scheibe Ananas geben und in die Mitte der Ananasringe je ein Teelöffel Preiselbeeren einfüllen. Steaks auf gut gebuttertem Toast, umringt von grünem Salat, reichen.
Garzeit: je Seite 5 bis 7 Minuten.

4 dicke Hirschmedaillons, 4 Teel. Weinbr., etwa 8 Eßl. Öl, Salz, Pfeffer, 50 g Schinkenspeck, 4 Ananasringe, 4 Teel. Preiselbeeren, 4 Toast, grüner Salat

Das gleiche Rezept kann auch für Hammelsteaks oder mit dicken Scheiben Kasseler Rollbraten genommen werden. Bei letzterem muß man nur auf das Würzen und den Schinkenspeck verzichten.

Für die Zubereitung eignen sich die Fissler bratfein novogrill oder die vitavit Schnellbratpfanne ohne Ventildeckel sehr gut.

Zubereitung vom kleinen Geflügel im vitavit Schnellkochtopf

Geflügel nach Wahl z.B. Junghähnchen, Rebhuhn, Taube, Fasan, Poularde, Ente, Salz, Pfeffer, ggf. Petersilie, 50 g Butter, Margarine od. Speck, 1/8 l Wasser, 1/8 l Sahne oder 1/8 l Wein, Gewürze nach Belieben

Sauber geputzes Geflügel gut würzen. Fett im vitavit Schnellkochtopf erhitzen, Geflügel allseits gut anbräunen. Wasser oder Brühe aufgießen, Topf schließen und fertig garen. Soße nach Belieben mit Sahne, ggf. mit Wein und Gewürzen fertigstellen.

Garzeit: für

Junge Hähnchen 5 bis 6 Minuten,

Rebhuhn und Fasan 8 bis 10 Minuten,

Tauben (je nach Alter) 4 bis 8 Minuten,

Poularde, kleine Ente 10 bis 15 Minuten.

Gefüllte Geflügel, z. B. Rebhuhn, Fasan als Festtagsbraten

Geflügel nach Wahl, Salz, Pfeffer, Muskat, 100 g fetter ger. Speck, 150 g Lachsschinken, Magen, Leber, Herz, 50 g geröstete Mandeln, 1 Semmel eingeweicht, geh. Petersilie, Salz, Muskat, 2 Eier, 1 Dose Champignons (alle Zutaten klein gehackt verrühren), 1/4 l saure Sahne, Salz, Pfeffer, Zitronensaft, 125 g Preiselbeeren, 3 Eßl. Kroatzbeerlikör

Das sauber geputzte Geflügel innen trocken tupfen, gut würzen, füllen und zunähen. Speck kleinwürfelig schneiden, im vitavit Schnellkochtopf etwas auslassen. Geflügel allseits anbräunen, einen Teil der Speckwürfelchen darüber verteilen, Topf schließen und fertig garen. Soße durchseihen, mit Sahne, kochfertiger Bratensoße und Gewürzen fertigstellen! Geflügel je nach Art halbieren oder vierteilen und auf gut gewaschenen Weinblättern anrichten. Schöne, große, gewaschene, grüne und blaue Weintrauben in kleinen Rebensträußchen zum Verzieren mit verwenden. Preiselbeeren mit Kroatzbeerlikör verrühren und in kleinen Schälchen mit auf die Platte stellen. Beilage: Pommes frites oder Kartoffelbrei.

Soll die Haut recht knusprig werden, bestreicht man das Geflügel einige Minuten vor dem Anrichten mit kaltem Salzwasser und stellt es kurz unter den Grill oder bei starker Oberhitze und geöffneter Tür in den Backofen.

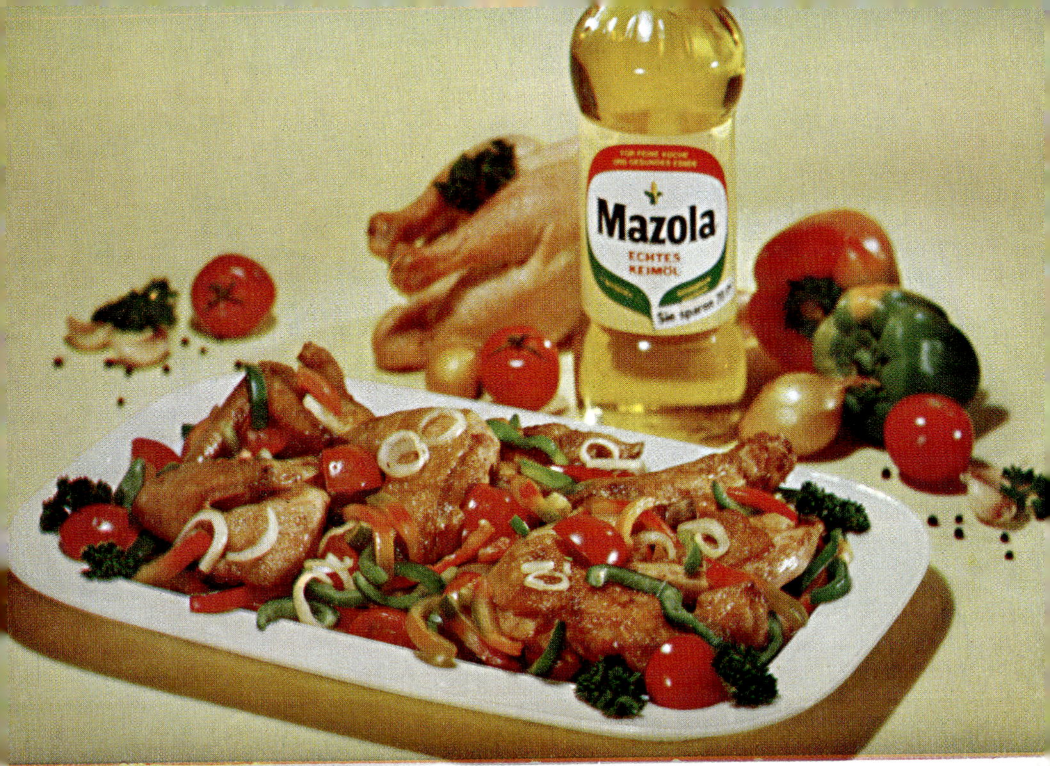
Mazola
ECHTES KEIMÖL

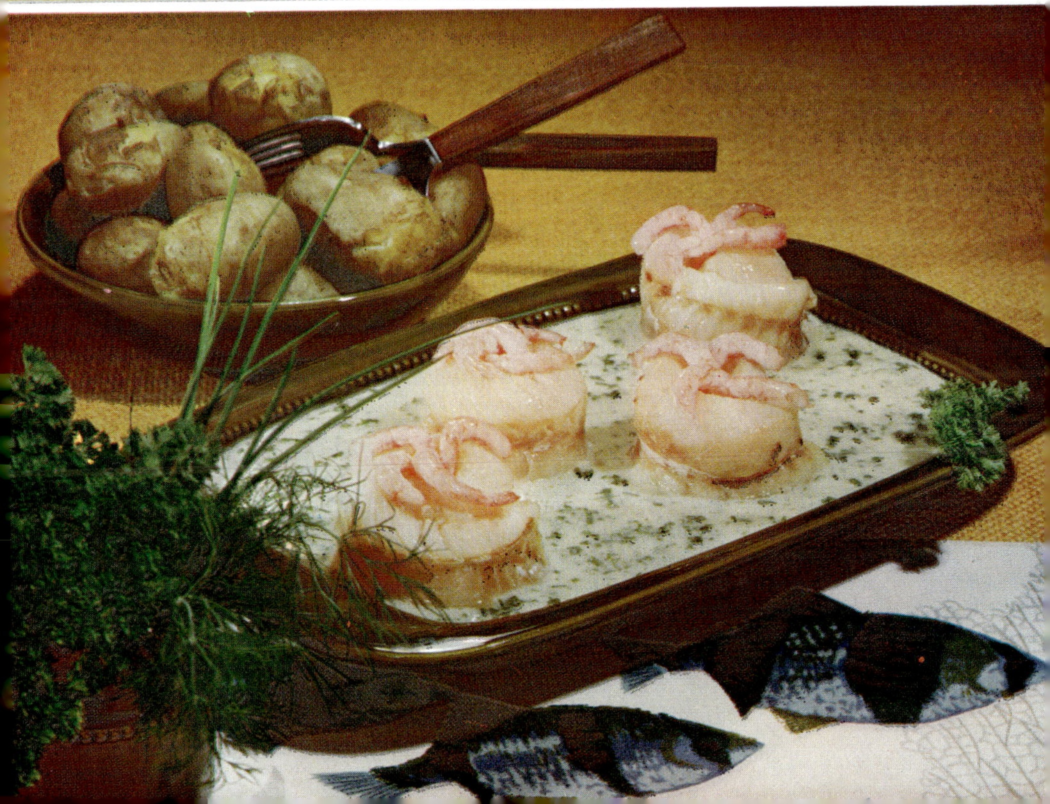

Hähnchen „Piroschka“
Rezept siehe Seite 86

Fischröllchen Spreewälder Art
Rezept siehe Seite 91

Wiener Backhähnchen

Die bratfertigen Hähnchen in die üblichen Portionen teilen, hohe Stücke einschneiden und flach klopfen. Allseits würzen, in Mehl wälzen, in das gut verklopfte Ei tauchen, in Semmelbrösel wälzen und im erhitzten Butterschmalz beidseitig goldbraun ausbacken. Mit gemischten Salaten servieren.
Garzeit: etwa 10 bis 15 Minuten.

1-2 Hähnchen, Salz, Mehl, Eiermilch aus: 2 Eiern, 2 Eßl. Milch, 1 Eßl. Öl, Salz, Semmelbröseln, Butterschmalz zum Ausbacken, Zitronenspalten zum Anrichten

Hähnchen „Piroschka" im Reisring

Die bratfertigen Hähnchen in die üblichen Portionen teilen; hohe Stücke einschneiden und flach klopfen; allseits würzen und in Mehl wenden. Keimöl erhitzen, Geflügelstücke beidseitig ausbacken und auf vorgewärmte Platte warmhalten. Übrige Zutaten zur Soße geben und gut durchkochen. Hähnchenteile einlegen und noch einige Minuten darin ziehen lassen. Risotto zubereiten (Rezept auf Seite 48. Zum Anrichten fertigen Reis in gut gefettete Ringform geben, Reis auf eine heiße Platte stürzen. In die Mitte die Hähnchenteile hübsch anordnen und mit der Soße übergossen servieren.

1-2 Hähnchen, Salz, Paprika, Pfeffer, Mehl, 5 Eßl. Keimöl, 2 gr. Zwiebeln in Ringen, kl. geschn., je 250 g Tomaten u. Paprikasch. kl. geschn., 1 Teel. Tomatenmark, 2 Teel. milder Paprika, Aromat, 1/8-1/4 l Wasser oder Brühe, ggf. 20 g Mondamin, Risotto

Garzeit: im vitavit Schnellkochtopf 6 bis 8 Minuten, bei üblicher Zubereitung kann Soße mit 1/8 l Sahne verbessert werden.
Wer in der Vorratskammer Poularden in Dosen verwahrt, kann folgendes Rezept dafür verwenden.
Den Inhalt der Dose vorsichtig erhitzen, die Fleischstücke im Ganzen herausholen, gut abtropfen lassen, in Pfannkuchenteig tauchen und als „Pariser Hühnchen" im heißen Fett ausbacken. Dosenrest ergibt eine kräftige Brühe.

Fische

Fischers Fritz fischt frische Fische

Probieren Sie mal, diesen Satz ganz schnell hintereinander zu sagen! Hat's geklappt? Wenn nicht, macht es auch nichts — Hauptsache die Zubereitung von Fischen klappt immer.

Fische gehören zu den preiswertesten Nahrungsmitteln, sind eiweißreich, besonders leicht verdaulich, und zudem vielseitig anwendbar. Wir unterscheiden Fluß- und Seefische. Die bekanntesten **Flußfische**: Hecht, Barsch, Forelle, Karpfen, Blaufelchen, Schleie, Zander, Aal, usw.; die bekanntesten **Seefische**: Steinbutt, Scholle, Heilbutt, Rotzunge, Seezunge, Seelachs, Kabeljau, Schellfisch, Rotbarsch, Makrelen, Hering.

200 g rechnet man etwa pro Person.

Vorbereitung:

Schuppen: Schwanz mit einem Tuch festhalten, mit stumpfem Messer oder Reibeisen abschuppen, vom Schwanz beginnend zum Kopf hin.

Ausnehmen: Mit spitzem Messer, unterhalb des Kopfes beginnen, Bauch aufschlitzen und Eingeweide **vorsichtig** herauslösen. Dabei Galle nicht verletzen, sie liegt dicht unterhalb des Kopfes. Leber und Rogen später mit verwenden. Die zähe Rückgrathaut und die Milz entfernen.

Säubern: Unter fließendem Wasser innen und außen gründlich waschen. Ggf. Kopf, Schwanz und Flossen abschneiden.

Säuern: Mit Zitronensaft oder Essig reichlich beträufeln. Damit wird erreicht, daß das Fischfleisch weiß und kernig bleibt und der intensive Geruch milder wird.

Salzen: Wenn überhaupt— dann erst unmittelbar vor dem Garen.

Manche Hausfrau empfindet Fischzubereitung als höchst unangenehm wegen des Geruchs. Dafür folgende Tips

Fischgeruch von den Händen mit Zitronensaft entfernen, ebenso vom Besteck.

Fischteller, auch stark beschmutzte Messer und Gabeln, erst mit Papier reinigen, danach kalt spülen und erst dann in heiße Spüllauge geben. Damit vermeidet man Fischgeruch im Spülwasser.

Rohfische kurzzeitig in essiggetränkten Tüchern aufbewahren. Im Fissler Schnellkochtopf kann in 4 bis 6 Minuten 1 kg Fisch gedünstet werden — der schmeckt vorzüglich.

Grundrezepte für verschiedene Fischzubereitungen

Fisch im Ganzen oder in Portionsstücken säubern, säuern, salzen, mit Suppengrün, Zwiebelringen und Tomatenscheiben belegen mit etwa 1/8 l Brühe, ggf. auch Wein, begießen und dünsten.

1 kg Fisch nach Wahl, Zitronensaft, Salz, Suppengrün, Zwiebelringe, 1/8 l Würfelbrühe oder Wein

Garzeit: im vitavit Schnellkochtopf 4 bis 6 Minuten, bei üblicher Zubereitung 25 bis 35 Minuten.

Anmerkung: Aus dem sich bildenden Saft mit Butter, Senf, Käse, Tomatenmark, ggf. etwas Sahne, und Kräutern eine Soße zubereiten.

Fisch blau
Fisch **nicht** schuppen und außen **nicht** salzen! Mit **nassen Händen** zubereiten. Fisch mit heißem Essigwasser übergießen und am besten über heißem Essigwasserdampf garen. Mit Butter, Zitrone und Salaten anrichten.

* Fisch nach Wahl, 2mal 1/8 l Essigwasser, * Zitronenspalten, 50-100 g Butter, * dazu eignen sich auch tiefgekühlte Forellen

Anmerkung: Für diese Zubereitungsart nur Fische mit Hautfarbstoff verwenden, z. B. Karpfen, Forelle, Aal.

Garzeit: etwa wie oben, sie richtet sich nach der Fischart.

Fische in Fett gebraten oder ausgebacken
Fische nach dem Säubern in Portionsstücke teilen, Fisch nach Wahl oder im Ganzen braten. Nach dem Säuern panieren oder in Pfannkuchenteig tauchen oder nur in Mehl wenden, bei nicht zu scharfer Hitze im heißen Fett (Butterschmalz, Öl) beidseitig goldbraun braten oder ausbacken. Dazu Salate, Kartoffeln oder Pommes frites reichen.

Fisch nach Wahl, Essig, Zitronensaft, Mehl, Ei, Semmelbrösel oder Teig (siehe Pfannkuchen 1/2 Rezept Seite 57), evtl. nur Mehl, Fett zum Ausbacken

Garzeit: je nach Fischart 10 bis 15 Minuten.

Anmerkung: Für diese Zubereitungsarten eignen sich alle tiefgekühlten Fische, die auch schon vorpaniert erhältlich sind.

Fischröllchen Spreewälder Art
Fischfilet säubern, der Länge nach halbieren, säuern, etwa 25 Minuten stehen lassen und dann salzen. In der Zwi-

750 g Fischfilet, Essig, Zitronensaft, Salz, je 1/8 l Wasser u. Wein,

¹/₂ Zwiebel, Lorbeer-
blatt, Pfefferkörner,
100 g Krabbenfleisch,
30 g Mondamin, ¹/₈ l
saure Sahne, Salz,
Pfeffer, 1 Prise Zuk-
ker, Aromat, 1 Bund
Petersilie, 1 Bund
Schnittlauch, 1 Bund
Dill

schenzeit Wasser, Weißwein und Gewürze aufkochen. Fischfilets aufrollen, mit Krabbenfleisch füllen, dicht nebeneinander in den Topf legen und in 12 bis 15 Minuten garziehen lassen. Fischröllchen herausnehmen, auf vorgewärmter Platte warmstellen. Den Fischsud durchseihen, mit Wasser zu ¹/₂ l auffüllen und zum Kochen bringen. Mondamin in saurer Sahne anrühren, Fischsud damit binden, Soße abschmecken und feingehackte Kräuter dazugeben. Soße über die Röllchen gießen.
Garzeit: insgesamt 15 bis 20 Minuten.

Forellen nach polnischer Art

4 Forellen, Butter-
schmalz, 50 g Man-
deln, ¹/₄ l saure Sahne,
Salz, Pfeffer, Zitro-
nensaft, 2 Eßl. Kräu-
ter wie: Petersilie,
Dill, Schnittlauch,
ggf. etwas Senf

Vorbereitete Forellen in heißem Butterschmalz auf beiden Seiten goldbraun braten. Mandeln in kochendem Wasser brühen, abziehen, halbieren und in der Pfanne am Rand mit rösten. Die fertigen Forellen mit den gerösteten gesalzenen Mandeln bestreuen. Sahne, Zitronensaft und Kräuter verrühren und über den Fisch verteilen. Dazu Salzkartoffeln reichen.
Garzeit: etwa 15 bis 20 Minuten

Fischstäbchen orientalisch

1 P. Fischstäbchen
tiefgekühlt, Butter-
schmalz oder Keimöl,
3-4 Bananen, Wein-
brand, Salate, Kar-
toffelbrei, ggf. Fertig-
packung, z. B. Kar-
toffelbrei

Fischstäbchen gefroren im heißen Butterschmalz oder Keimöl beiderseits goldbraun ausbacken. Bananen halbieren und am Rand mitbraten, nachdem die erste Seite der Stäbchen ausgebacken ist. Fischstäbchen auf angewärmte Platte anrichten, jeweils eine Bananenhälfte darauf legen. Bananen mit angewärmtem Weinbrand beträufeln, anzünden und brennend servieren. Dazu Salate und Kartoffelbrei.

Stichwortverzeichnis